中等职业教育"十三五"规划教材
供中职护理专业使用

病理学基础项目教学

主　编　石玉芹（甘肃省酒泉卫生学校）
　　　　马晓梅（甘肃省酒泉卫生学校）
副主编　王刚琴（甘肃省第三人民医院）
　　　　张晓丽（甘肃省酒泉卫生学校）
参　编　马丽君（甘肃省酒泉卫生学校）
　　　　徐生梅（甘肃省酒泉卫生学校）

西南交通大学出版社
·成　都·

图书在版编目（CIP）数据

病理学基础项目教学 / 石玉芹，马晓梅主编. —成都：西南交通大学出版社，2019.7
中等职业教育"十三五"规划教材. 供中职护理专业使用
ISBN 978-7-5643-6950-7

Ⅰ. ①病… Ⅱ. ①石… ②马… Ⅲ. ①病理学 – 中等专业学校 – 教材 Ⅳ. ①R36

中国版本图书馆 CIP 数据核字（2019）第 129485 号

中等职业教育"十三五"规划教材
供中职护理专业使用
病理学基础项目教学

主　　编 / 石玉芹　马晓梅	责任编辑 / 李　伟
	助理编辑 / 姜远平
	封面设计 / 吴　兵

西南交通大学出版社出版发行
（四川省成都市二环路北一段 111 号西南交通大学创新大厦 21 楼　610031）
发行部电话：028-87600564　　　028-87600533
网址：http://www.xnjdcbs.com
印刷：四川煤田地质制图印刷厂

成品尺寸　185 mm×260 mm
印张　14.25　　字数　328 千
版次　2019 年 7 月第 1 版　　印次　2019 年 7 月第 1 次

书号　ISBN 978-7-5643-6950-7
定价　39.00 元

课件咨询电话：028-87600533
图书如有印装质量问题　本社负责退换
版权所有　盗版必究　举报电话：028-87600562

序

酒泉卫生学校被甘肃省教育厅、甘肃省财政厅列为"省级中等职业教育改革发展示范学校建设计划"立项建设学校，这在该校发展史上具有里程碑式的重要意义。2015年底，学校开始申报省级示范校建设项目。申报过程中，学校在学校管理、基础条件、教育教学、校企合作等方面都取得了可喜成绩。2017年4月27日，学校参加省教育厅组织的答辩，6月以全省排名第八（项目编号：GSZZSFX201708）、酒泉排名第一的好成绩正式确定为"省级中等职业教育改革发展示范学校建设计划"建设单位。2017年12月，省教育厅、省财政厅正式通过学校的《建设方案》和《任务书》。省级财政计划下达专项建设资金1 000多万元，用2~3年时间完成学校三个重点专业——护理专业（老年护理方向）、医学检验技术专业、药剂专业在人才培养模式与课程体系改革，师资队伍建设，校企合作、工学结合运行机制三方面的建设，以及两个特色项目——智慧校园特色项目、"仁爱天使"培养行动特色项目的建设。

课程建设与课程改革建设涉及开发编写与重点专业和特色项目关联的教材，教材定位于中职医学类各专业，主要满足学生专业实训、专业拓展和综合素质提升，增加实用性，实验实训课程对接工作岗位，突出校企合作、案例示范、理实一体。本套教材共计20册，专业课程编写全程企业专家参与，素质拓展教程知名专家指导，部分教程项目法编写符合目前中等卫生职业教育生源和就业特点，体现教材内容的"实用"和强化"学以致用"特点。相信通过老师的努力、专家的严格把关，本套教材将给酒泉卫生学校的发展增添浓墨重彩的佐证。

酒泉卫生学校
2019年1月

前　言

病理学基础是医学生的一门必修医学基础课，为后续临床课程的学习奠定基础。由于该课程内容繁多、冗长，中职生学习动力不足、学习专注时间短，为了更好地帮助学生掌握病理学知识，结合中等卫生职业教育教学要求，本着以"专业理论过关，专业技能过硬""教学做一体化"的编写原则，我们编写了《病理学基础项目教学》。

本教材的特点如下：

（1）本书以全国中等卫生职业教育"双证书"人才培养规划教材《病理学基础》为蓝本，以国家护士资格考试大纲和甘肃省三校生考试大纲为依据，紧密结合教材编写而成。全书共分十二章，各章节内容设有明确的"学习目标"、简单明了的项目"学习模块"、思路清晰的"学习小结"、理实结合密切的"项目实训"和题型全面的"项目测试"等内容。本书设计中将各章节内容根据学生特征和教材特点分解成若干项目单元模块，帮助学生有效掌握重点、突破难点，提高学习效果。

（2）新增内容：① 学习目标；② 理论知识；③ 学习小结；④ 项目实训；⑤ 项目测试；⑥ 学习效果分析等。以上内容形式的安排吸引学生目光，激发学生对病理学的学习兴趣和爱好；提高学生学习的积极性和自主性；培养学生理论与实践相结合的学习能力，最终达到掌握知识的目的。

本教材各位编委编写分工如下：石玉芹（疾病概论、局部血液循环障碍、慢性阻塞性肺疾病、肺炎、结核病、伤寒、水电解质代谢紊乱），马晓梅（炎症、风湿病、肾小球肾炎、酸碱平衡紊乱），王刚琴（绪论、炎症、伤寒），张晓丽（动脉粥样硬化、高血压病、发热），马丽君（肿瘤、消化性溃疡、病毒性肝炎、肝硬化、细菌性痢疾、缺氧），徐生梅（细胞和组织的适应、损伤与修复、休克）。

在本书编写过程中，编者参考了部分相关著作，从中借鉴了许多有益内容，同时得到甘肃省酒泉卫生学校领导的大力支持和帮助，在此一并致谢。

注：1 mmHg＝0.133 kPa

由于编者水平有限，本书从形式到内容不足之处或疏漏之处在所难免，恳请广大师生在使用过程中提出宝贵意见。

石玉芹

2019 年 1 月

目 录

第一章 绪论与疾病概论 ··· 1
　第一节 绪 论 ·· 1
　第二节 疾病概论 ·· 4
　　　项目一 疾病的概念、病因学及疾病的发展规律 ······································· 4
　　　项目二 疾病的经过与结局 ··· 7

第二章 细胞和组织的适应、损伤与修复 ··· 10
　第一节 细胞和组织的适应 ··· 10
　第二节 细胞和组织的损伤 ··· 14
　　　项目一 变 性 ·· 14
　　　项目二 坏 死 ·· 16
　第三节 损伤的修复 ·· 20
　　　项目一 再 生 ·· 20
　　　项目二 纤维性修复 ··· 22
　　　项目三 创伤愈合 ·· 24

第三章 局部血液循环障碍 ·· 28
　第一节 充 血 ··· 28
　　　项目一 动脉性充血 ··· 28
　　　项目二 静脉性充血 ··· 29
　第二节 出 血 ··· 32
　第三节 血栓形成 ·· 35
　　　项目一 血栓形成的条件和机制 ··· 35
　　　项目二 血栓的类型 ··· 37
　　　项目三 血栓的结局、对机体的影响 ··· 39
　第四节 栓 塞 ··· 42
　　　项目一 概念、栓子的运行途径 ··· 42
　　　项目二 栓塞类型 ·· 44
　第五节 梗 死 ··· 47
　　　项目一 概 述 ·· 47
　　　项目二 梗死的特点、类型、对机体的影响 ··· 49

- 1 -

第四章 炎症 ………………………………………………………………… 52
项目一 炎症的概念及原因 ……………………………………………… 52
项目二 炎症的基本病理变化 …………………………………………… 53
项目三 炎症的局部表现和全身反应 …………………………………… 58
项目四 炎症的类型 ……………………………………………………… 61
项目五 炎症的转归 ……………………………………………………… 65

第五章 肿瘤 ………………………………………………………………… 68
项目一 概 述 …………………………………………………………… 68
项目二 肿瘤的特征 ……………………………………………………… 71
项目三 良、恶性肿瘤的区别 …………………………………………… 75
项目四 肿瘤的命名与分类 ……………………………………………… 77
项目五 癌前病变、原位癌、早期浸润癌 ……………………………… 81

第六章 常见疾病 …………………………………………………………… 84
第一节 动脉粥样硬化 ……………………………………………………… 84
项目一 概 述 …………………………………………………………… 84
项目二 病理变化 ………………………………………………………… 86
项目三 冠状动脉粥样硬化及冠心病 …………………………………… 88

第二节 高血压病 …………………………………………………………… 91
项目一 概 述 …………………………………………………………… 91
项目二 基本病理变化 …………………………………………………… 92

第三节 风湿病 ……………………………………………………………… 95
项目一 概 述 …………………………………………………………… 95
项目二 风湿病的基本病变 ……………………………………………… 97
项目三 风湿性心脏病 …………………………………………………… 99

第四节 慢性阻塞性肺疾病、肺源性心脏病 …………………………… 101
项目一 慢性支气管炎 ………………………………………………… 101
项目二 肺气肿 ………………………………………………………… 104
项目三 肺源性心脏病 ………………………………………………… 106

第五节 肺 炎 …………………………………………………………… 108
项目一 大叶性肺炎 …………………………………………………… 108
项目二 小叶性肺炎 …………………………………………………… 112
项目三 间质性肺炎 …………………………………………………… 114

第六节 消化性溃疡病 …………………………………………………… 116
项目一 概 述 ………………………………………………………… 116
项目二 病理变化及病理临床联系 …………………………………… 117

第七节 病毒性肝炎 ……………………………………………………… 121

　　　　项目一　概　述··121
　　　　项目二　病理变化··123
　　　　项目三　病理临床联系··125
　　第八节　肝硬化··128
　　　　项目一　概　述··128
　　　　项目二　病理变化及病理临床联系··································130
　　第九节　肾小球肾炎··133
　　　　项目一　概　述··133
　　　　项目二　急性弥漫性增生性肾小球肾炎···························135
　　　　项目三　急进性肾小球肾炎··137
　　　　项目四　慢性肾小球肾炎···139

第七章　传染病···141
　　第一节　结核病··141
　　　　项目一　概　述··141
　　　　项目二　肺结核病、肺外结核病····································143
　　第二节　细菌性痢疾··146
　　　　项目一　概　述··146
　　　　项目二　病理变化及病理临床联系··································148
　　第三节　伤寒··150
　　　　项目一　伤寒的概念、病因及发病机制···························150
　　　　项目二　伤寒的病理变化、临床表现、结局····················152

第八章　发　热···155
　　　　项目一　概　念··155
　　　　项目二　发热的原因与机制··156
　　　　项目三　发热的分期和分类··158
　　　　项目四　发热时机体代谢、功能的变化···························161

第九章　缺　氧···165
　　　　项目一　缺氧的概念及常用的血氧指标···························165
　　　　项目二　缺氧的类型··167
　　　　项目三　缺氧时机体功能、代谢的变化···························171

第十章　酸碱平衡紊乱··175
　　　　项目一　概　述··175
　　　　项目二　酸碱失衡的分类及常用检测指标························177
　　　　项目三　单纯性酸中毒···180
　　　　项目四　单纯性碱中毒···183

第十一章 水、电解质代谢紊乱 ·187

第一节 水、钠代谢紊乱 ·187
第二节 水 肿 ·190
项目一 概 述 ·190
项目二 常见水肿类型、特点及水肿对机体的影响 ·192
第三节 钾代谢紊乱 ·195
项目一 钾代谢紊乱的概念、原因和发生机制 ·195
项目二 钾代谢紊乱对机体的影响和防治措施 ·197

第十二章 休 克 ·200
项目一 概 述 ·200
项目二 休克的发生机制及分期 ·203
项目三 休克时器官功能变化 ·205

项目测试参考答案 ·208

参考文献 ·218

第一章　绪论与疾病概论

第一节　绪　论

【学习目标】

（1）掌握病理学的概念。
（2）领会病理学的基本内容、研究方法；学习病理学的指导思想及方法。
（3）知道病理学在医学中的地位和观察方法。
（4）能够描述病理学的内容，熟悉其对护理工作的意义。
（5）具有认真、科学、严谨、求实的工作作风。

【理论学习】

一、病理学的任务和内容

1. 任　务

病理学是研究人体疾病发生的原因、发生机制以及疾病过程中机体的形态结构、功能代谢变化和转归的医学基础学科。目的是认识和掌握疾病的本质和发生发展规律，为疾病的诊治和预防提供科学的理论基础。

2. 内　容

病理学包括病理解剖学和病理生理学两大部分。前者侧重从形态和结构变化观察和研究疾病，后者则侧重功能和代谢方面的变化，二者相辅相成，紧密联系。

二、病理学在医学中的地位

1. 教学方面

病理学是基础医学和临床医学之间的桥梁课程。要学好病理学，应以解剖学、组织胚胎学、生理学、生物化学等为基础，同时也为今后临床学科的学习打下坚实的基础。

2．临床医疗工作

在临床医疗中，病理诊断是迄今诊断疾病的最可靠的方法，被称为"医师的医师"。

3．医学科研方面

在医学科学研究中，病理学是重要的支撑点，各种临床科研均需要以正确的病理学诊断为依据。

总之，病理学在医学教育、临床医疗和科学研究上都扮演着重要的角色。

三、病理学的研究方法

1．活体组织检查

活体组织检查简称活检，即用局部钳取和穿刺等方法，从患者活体获取病变组织进行病理诊断。活检可以帮助确定病变性质、了解病变范围、验证治疗效果、估计患者预后，尤其对肿瘤的判断具有重要价值。

2．细胞学检查

细胞学检查是通过采集病变组织表面脱落的细胞，穿刺抽取的细胞，或混悬于尿液、痰液、胸腹腔积液中的细胞，涂片染色后做出细胞学诊断。该研究方法已广泛应用于临床工作中，对于早期发现病变有重要意义，如健康普查、激素水平测定等。

3．尸体解剖

尸体解剖简称尸检，即对死者的遗体进行病理解剖检查。尸体解剖无论在理论研究还是临床实践中都具有重要意义，其应用具体表现在：发现死因，了解内脏病变；指导以后的临床诊断和治疗；及早发现各种传染病、地方病和职业病；为法医鉴定提供重要科学依据等。

4．组织细胞培养

组织细胞培养是指将某种组织或单细胞用适宜的培养基在体外培养，以研究在各种因素作用下细胞、组织病变的发生和发展。如组织细胞的修复、肿瘤的发生发展等。

5．动物实验

动物实验是指在动物身上复制某些人类疾病的模型和病理过程，借以研究疾病的发生发展规律。但动物与人类在许多方面差异很大，故不能不加分析地将动物实验结果用于人类。

四、病理标本的观察方法

病理标本的观察方法包括肉眼观察和镜下观察。肉眼主要观察病变组织的形状、大小、颜色、数目、质地等特点；镜下主要观察病变组织细胞形态等特点。

五、病理学的学习方法

病理学的学习过程应注重理论与实践的联系；局部与整体的联系；形态结构、功能和代谢的联系；病理变化与临床表现的联系；总论与各论的联系等。

【学习小结】

$$
绪论\begin{cases}
病理学的任务和内容\begin{cases}病理学的概念：\underline{\hspace{4cm}}。\\ 病理学的内容：\underline{\hspace{2cm}}和\underline{\hspace{2cm}}。\end{cases}\\
病理学的研究方法：\underline{\hspace{1.5cm}}、\underline{\hspace{1.5cm}}、\underline{\hspace{1.5cm}}、\underline{\hspace{1.5cm}}。\\
病理标本的观察方法\begin{cases}\underline{\hspace{2cm}}\\ \underline{\hspace{2cm}}\end{cases}\\
病理学的学习方法
\end{cases}
$$

【项目实训】

案例分析：

患者，男，74岁。有多年的吸烟、咳嗽、咳痰史。近期出现血痰、胸痛和呼吸困难，且伴明显的消瘦、贫血、乏力等症状。查体：体温37.8 ℃，脉搏140次/min，呼吸28次/min，患者面色苍白，呼吸急促，呈急性病容。X线检查：左肺上叶可见圆形孤立阴影，界限清。

问题：（1）如果要确诊，你认为该患者还需要做何种病理学检查？

（2）你认为该患者初步诊断为何病？

【项目测试】

1. 填空题

（1）病理学是研究\underline{\hspace{8cm}}的学科。

（2）病理学常用的研究方法有\underline{\hspace{1.5cm}}、\underline{\hspace{1.5cm}}、\underline{\hspace{1.5cm}}、\underline{\hspace{1.5cm}}、\underline{\hspace{1.5cm}}。

2. 单项选择题

（1）侧重从形态、结构方面研究疾病的发生发展规律的是（　　）。

　　A. 免疫病理学　　　　　　B. 病理解剖学

　　C. 遗传病理学　　　　　　D. 病理生理学

　　E. 分子病理学

（2）病理学的研究内容中，除外的是（　　）。

　　A. 疾病的发生　　　　　　B. 疾病的发展规律

  C. 疾病的诊断   D. 疾病的病因
  E. 疾病的转归
（3）下列不属于肉眼观察的内容是（　　）。
  A. 病变组织、器官的颜色   B. 病变组织、器官的形状
  C. 构成病变组织、器官的细胞形态   D. 病变组织、器官的大小
  E. 病变组织、器官的质地

学习效果分析

内　　容	优秀 ≥90%	良好 80%~89%	一般 60%~79%	需要加油 <60%
项目测试				
项目实践				
自我反思				

第二节　疾病概论

项目一　疾病的概念、病因学及疾病的发展规律

【学习目标】

（1）会解释疾病的概念。
（2）领会疾病发生发展过程中的共同规律。
（3）知道疾病发生的原因、条件。
（4）能够应用所学知识对健康、亚健康、疾病进行正确分析和判断。
（5）培养学生与同伴的合作交流意识和能力。

【理论学习】

一、健康与疾病

1. 健　康

  世界卫生组织（WHO）提出健康不仅是没有疾病和病痛，而且是躯体上、精神上和社会上处于完好状态。

2. 疾 病

疾病是指机体在一定病因作用下，自稳调节发生紊乱导致的异常生命活动过程。疾病的发生常可引起体内生理功能、代谢和形态结构的改变，临床表现为一系列的症状和体征与社会行为异常。

二、病因学

病因学主要研究疾病发生的原因和条件。

1. 疾病发生的原因

（1）定义：指能引起某一疾病不可缺少的特异性因素，简称病因。

（2）病因的种类：疾病发生的原因很多，大致可分为以下几类。① 生物因素：最常见，如各种致病性微生物和寄生虫。② 理化因素：物理因素有机械力、高温、低温、电流、电离辐射、气压的改变；化学因素有化学毒物、药物等。③ 遗传因素：遗传物质的改变或遗传易感性。④ 先天因素：如孕妇感染风疹病毒可致患儿患先天性心脏病。⑤ 免疫因素：免疫反应过强、低下、缺陷或自身免疫反应，如青霉素引起的过敏性休克。⑥ 心理、社会因素：不良情绪和强烈的精神创伤；竞争、工作压力、环境污染、社会不公等致高血压、冠心病、溃疡病、神经官能症、精神病等。

2. 疾病发生的条件

（1）疾病发生的条件：指在病因存在的前提下，能够促进疾病发生发展的因素。它本身虽然不能引起疾病，但可以左右病因对机体的影响、促进或阻止疾病的发生。

（2）疾病发生的诱因：指能加强病因作用或促进疾病发生的因素，是疾病发生的一种条件。

三、疾病发生发展的一般规律

1. 损伤与抗损伤

两者间相互联系又相互斗争，推动疾病发展。损伤与抗损伤的力量对比决定疾病的发展和转归。

2. 因果交替

在疾病过程中，原因和结果间可以相互交替和相互转化。因果交替规律的发展如不及时地加以阻断，就可形成恶性循环，使病情进一步恶化。

3. 局部和整体

任何疾病都有局部表现和全身反应。例如，肺结核病的病变主要在肺，表现为咳嗽、咯血、吐痰等，但同时也会引起发热、盗汗、消瘦、乏力等全身反应。正确认识局部与整体的相互关系对疾病的诊治具有重要意义。

【学习小结】

疾病概论
- 健康和疾病
  - 健康：_____。
  - 疾病：_____。
- 病因学：_____ 和 _____。
- 疾病发生发展的共同规律
  - _____
  - _____
  - _____

【项目实训】

案例分析：

患者，男性，56岁，患高血压病5年余，清晨情绪过于激动，突然晕倒，急送医院确诊为脑出血。

请问：该病人脑出血的病因和诱因分别是什么？

【项目测试】

1. 填空题

（1）世界卫生组织（WHO）提出健康不仅是没有疾病和病痛，而且是_____、_____和_____处于完好状态。

（2）病因学研究的内容是_____和_____。

（3）最常见的致病因素是_____。

2. 单项选择题

（1）疾病的本质是指（　　）。
  A. 结构、功能、代谢异常　　B. 心理状态不良
  C. 社会适应能力差　　D. 出现各种症状和体征
  E. 因自稳调节紊乱而发生的异常生命活动过程

（2）下列叙述错误的是（　　）。
  A. 病因是引起疾病必不可少的因素　　B. 每一种疾病一般来说都有病因
  C. 病因是决定疾病特异性的因素　　D. 病因可以促进或阻碍疾病的复发
  E. 以上都不正确

（3）导致青霉素过敏的致病因素属于（　　）。
  A. 理化因素　　B. 生物性因素
  C. 先天性因素　　D. 免疫性因素
  E. 精神因素

（4）疾病的发展方向取决于（　　　）。
　　A. 是否存在诱因　　　　　　　B. 病因的数量和强度
　　C. 损伤和抗损伤力量的对比　　D. 机体的抵抗力
　　E. 以上都不对

项目二　疾病的经过与结局

【学习目标】

（1）会解释脑死亡的概念。
（2）会举例说明疾病发生的经过，并领会疾病的转归。
（3）能够对脑死亡正确辨认。

【理论学习】

一、疾病的经过与结局

1. 经　过

临床上把疾病分为潜伏期、前驱期、症状明显期和转归期四个阶段。

2. 结　局

疾病的结局有完全康复、不完全康复和死亡三种形式。

（1）完全康复：又称痊愈，指病因消除，损伤反应完全消失，机体恢复正常的代谢、功能和形态结构，临床症状和体征完全消失。

（2）不完全康复：指病因及其引起的损害得到控制，主要症状已经消失但仍留下了某种不可恢复的病变和后遗症，要通过机体的代偿才能维持相对正常的生命活动。

（3）死亡：生命活动的终止。

传统的死亡概念认为，死亡是一个渐进的过程。根据其发展情况可分为三个阶段：濒死期、临床死亡期、生物学死亡期。临床死亡期有可能使之复苏或复活，应尽可能实施紧急抢救措施。

二、脑死亡

1. 概　念

脑死亡是指全脑功能的不可逆的永久性丧失，它是机体整体死亡的标志。

2. 判断标准

（1）不可逆的昏迷和大脑无反应性；（2）自主呼吸停止；（3）瞳孔散大及固定；（4）颅神经反射消失；（5）脑电波消失；（6）脑血液循环完全停止。

3. 意 义

脑死亡一旦确立，在法律上已经具备死亡的合法依据，可协助医务人员判断死亡时间和确定终止复苏抢救的界线。脑死亡不代表全身器官组织均已死亡，这对器官移植具有极其重要的意义。

【学习小结】

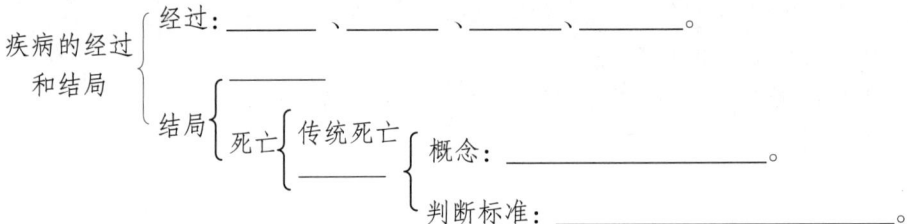

【项目实训】

小组讨论：如何判断"假死"？

【项目测试】

1. 填空题

机体整体死亡的标志是_____。

2. 单项选择题

（1）典型的疾病经过不包括（　　）。

　　A. 前驱期　　　　　　　　B. 潜伏期

　　C. 临床症状明显期　　　　D. 恢复期

　　E. 转归期

（2）进行复苏的关键时期是（　　）。

　　A. 濒死期　　　　　　　　B. 临床死亡期

　　C. 脑死亡期　　　　　　　D. 生物学死亡期

　　E. 以上都不对

（3）死亡的标志是（　　）。

　　A. 脑死亡　　　　　　　　B. 心跳停止

    C. 瞳孔散大或固定　　　　　D. 自主呼吸停止
    E. 脑电波消失
（4）下列哪一项不宜作为脑死亡的判断标准？（　　　）
    A. 心跳停止　　　　　　　　B. 自主呼吸停止，需要不停地进行人工呼吸
    C. 不可逆性深昏迷　　　　　D. 脑干神经反射消失
    E. 脑电波消失

学习效果分析

内容	优秀	良好	一般	需要加油
	≥90%	80%~89%	60%~79%	<60%
项目测试				
项目实践				
自我反思				

第二章 细胞和组织的适应、损伤与修复

第一节 细胞和组织的适应

【学习目标】

(1) 能够熟练描述萎缩、肥大、增生、化生的概念。
(2) 能够熟练列出萎缩、化生的类型,并会描述其特点。
(3) 熟知各类适应性反应的影响及结局。

【理论学习】

适应是指细胞、组织或器官对机体内、外环境中各种因素的刺激产生的非损伤性应答反应。适应性改变涉及细胞数目、体积以及分化方向的改变,在形态学上表现为萎缩、肥大、增生、化生。

一、萎缩

萎缩是指发育正常的细胞、器官或组织体积的缩小。萎缩通常由实质细胞体积缩小造成,可伴有细胞数量的减少。组织、器官先天的部分或完全不发育性缩小,不属于萎缩范畴。

1. 原因及类型

萎缩可分为生理性萎缩和病理性萎缩。

(1) 生理性萎缩:指某些细胞、组织或器官发育到一定阶段时逐渐萎缩,称之为退化,如绝经后的子宫内膜、卵巢的萎缩等。

(2) 病理性萎缩:病理状态下的萎缩,可表现为全身性萎缩或局部性萎缩,根据原因的不同,分为以下几类。

① 营养不良性萎缩:多因消耗过多、蛋白质摄入不足或血液供应不足等营养不良引起,分为全身性和局部性。前者多见于饥饿、慢性结核病、糖尿病和恶性肿瘤等;后者多见于局部供血不足,如脑动脉粥样硬化时因血供不足引起的脑萎缩。

② 失用性萎缩:是由于长期工作负荷减少、功能代谢低下所致的萎缩,如骨折后肢

体长期固定，可导致肌肉萎缩和骨质疏松。

（3）去神经性萎缩：由于运动神经元或轴突损害，所支配的效应器刺激减少引起。如脊髓灰质炎患者的下肢肌肉萎缩。

（4）压迫性萎缩：组织或器官长期受压所致，如肾盂积水引起的肾萎缩、脑积水引起的脑实质受压萎缩等。

（5）内分泌性萎缩：内分泌器官功能低下，相应靶器官缺乏激素刺激引起，如垂体功能低下时，可使甲状腺、肾上腺和性腺等器官萎缩。

2．病理变化

肉眼观察：萎缩的组织、器官体积缩小，质量减轻，被膜皱缩，色泽变深，质地变硬。脑萎缩时，除了上述变化，还可见脑回变窄、脑沟变宽。

镜下观察：细胞体积缩小，伴有数量减少，某些实质细胞内可见脂褐素沉积，如萎缩的心肌细胞。

3．影响与结局

发生萎缩的细胞、组织、器官功能下降。轻度萎缩原因去除后可恢复正常，若病变持续过久或继续加重，则萎缩的细胞可逐渐消失。

二、肥　大

肥大是指细胞、组织或器官的体积增大，是功能性代偿的形态学表现。肥大通常是因实质细胞的体积增大所致，常伴有实质细胞数目的增多。

1．原因及类型

肥大可分为生理性肥大和病理性肥大两个类型。

（1）生理性肥大：生理状态下，由于局部组织功能和代谢增强而发生的肥大。常见的有代偿性肥大和内分泌性肥大。① 代偿性肥大：运动员发达的肌肉；② 内分泌性肥大：因激素需求增多而引起，如妊娠期的子宫肥大、哺乳期的乳腺肥大。

（2）病理性肥大：由各种病理状态下引起的肥大。常见的有代偿还性肥大和内分泌性肥大。① 代偿性肥大：因疾病引起相应器官的功能负荷加重导致，如高血压引起左心室肥大；② 内分泌性肥大：因疾病引起内分泌激素增多使靶细胞肥大，如垂体病变引起的肢端肥大。

2．病理变化

可见实质细胞体积增大，常伴有数量增多，细胞核肥大深染。

3．影响与结局

肥大的细胞，组织器官功能和代谢增强，具有代偿意义。但如果超过了组织器官的代偿限度，则会发生失代偿，如长期高血压左心室肥大，晚期易出现心力衰竭。

三、增 生

增生是指组织、器官实质细胞的数量增多，常伴有组织或器官的体积增大和功能活跃。增生和肥大原因类同，故二者常相伴存在。

1. 原因及类型

增生可分为生理性增生和病理性增生两个类型。

（1）生理性增生：为适应生理需要所发生的增生，如女性青春期和哺乳期的乳腺增生。

（2）病理性增生有以下三种类型。①内分泌性增生：由内分泌功能紊乱引起，如男性的前列腺增生；②再生性增生：机体损伤后的细胞再生，如肝损伤后的肝细胞再生，皮肤损伤后的上皮再生；③代偿性增生：因功能代偿引发的增生，如低钙血症时的甲状旁腺增生。

2. 病理变化

镜下可见实质细胞的数量增多，细胞和细胞核的形态多正常或稍大。

3. 影响与结局

代偿性增生对机体有功能代偿和修复的重要意义，通常增生因素消除后可停止，但如果细胞过度增生失去控制，则可能演变为肿瘤性增生。

四、化 生

一种分化成熟的细胞或组织受刺激因素作用被另一种分化成熟的细胞和组织所取代的过程称为化生。化生通常发生在同源细胞间进行。

1. 常见类型

（1）鳞状上皮化生：简称鳞化，是最常见的化生，如长期吸烟导致的支气管黏膜的假复层柱状上皮被鳞状上皮所取代。

（2）肠上皮化生：简称肠化，指腺上皮组织的化生，较常见，如慢性胃炎时胃黏膜上皮化生为肠黏膜上皮。

（3）间叶组织化生：如骨化性肌炎时，肌组织中见骨细胞或软骨细胞。

2. 结局及意义

化生的生物学意义利弊兼有，如慢性支气管炎时黏膜鳞状上皮化生，增强了局部黏膜抵御外界刺激的能力，但却减弱了呼吸道黏膜的自净能力。此外，若引起化生的因素持续存在，可能会引起细胞恶变。

【学习小结】

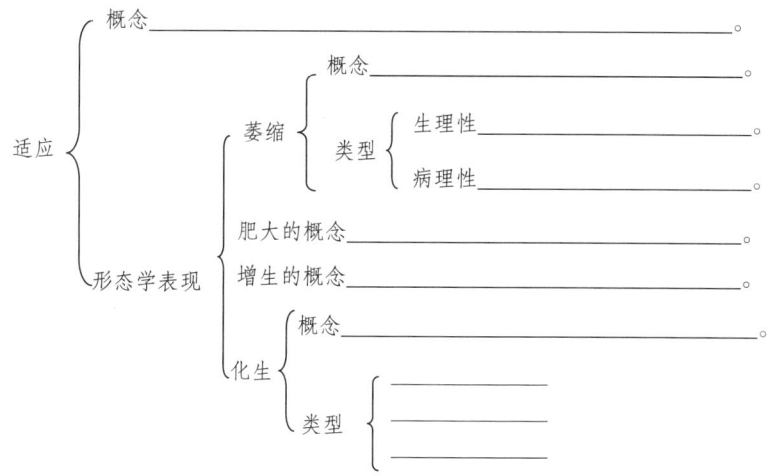

【项目实训】

镜下观察萎缩、肥大、增生、化生的病理组织切片，并总结各自的特点。

【项目测试】

1. 填空题

（1）机体的适应性改变有_____、_____、_____、_____四种类型。

（2）化生常见的类型有_____、_____、_____，其中最常见的类型是_____。

2. 单项选择题

（1）一种分化成熟细胞或组织转变为另一种成熟细胞或组织的过程称为（　　）。
    A. 间变　　　　　　　　　　B. 化生
    C. 增生　　　　　　　　　　D. 再生
    E. 瘤性增生

（2）下列哪项不属于细胞和组织的适应性反应？（　　）
    A. 肥大　　　　　　　　　　B. 增生
    C. 萎缩　　　　　　　　　　D. 变性
    E. 化生

（3）"肥大"是指（　　）。
    A. 实质细胞数目增多　　　　B. 实质细胞体积增大
    C. 器官体积的增大　　　　　D. 细胞、组织、器官体积的增大
    E. 间质增生

（4）化生不可能发生在（　　）。

A. 肠黏膜上皮　　　　　　B. 膀胱黏膜上皮
C. 支气管黏膜上皮　　　　D. 神经组织
E. 贲门部黏膜上皮

学习效果分析

内容	优秀 ≥90%	良好 80%~89%	一般 60%~79%	需要加油 <60%
项目测试				
项目实践				
自我反思				

第二节　细胞和组织的损伤

损伤是指细胞和组织遭到不能耐受的有害因子刺激后，出现的损伤性改变。

细胞和组织损伤后，会产生一系列形态和功能改变。轻度损伤表现为各种变性，原因消除后，可恢复正常；重度损伤表现为坏死，为不可逆性损伤。

项目一　变　性

【学习目标】

（1）能够熟练描述变性的概念及类型。
（2）能够正确辨认不同类型变性的肉眼观和镜下观的特点。

【理论学习】

变性是指由于物质代谢障碍，细胞或细胞间质出现异常物质或原有物质显著增多。常见的变性有以下几种：

1. 细胞水肿

细胞水肿是指细胞内水、钠增加所致的细胞肿胀和功能下降，又称水变性，是细胞损伤中最早出现的改变，常见于心、肝、肾等器官的实质细胞。

（1）原因及发生机制：当机体受到感染、中毒、高热、缺氧等因素的影响时，细胞内线粒体受损，ATP产生减少，细胞膜 Na^+-K^+ 泵功能障碍；或因细胞膜直接受损，通透性增高，导致细胞内钠、水增多。

（2）病理变化。肉眼观察：病变组织、器官肿胀，体积增大，质量增加，包膜紧张，切面隆起，边缘变钝，颜色变淡，无光泽。镜下观察：① 轻度水肿：细胞体积增大，胞质内可见粉染细小颗粒，称为颗粒样变性；② 中度水肿：细胞体积明显增大，胞质疏松、淡染、呈空网状半透明，称为疏松样变性；③ 重度水肿：胞质透亮，细胞极度肿大变圆，胞质几乎完全透明如气球样，称为气球样变性。

（3）影响与结局：细胞水肿的组织、器官功能降低。轻度变性损伤因素去除后，可恢复正常，但若损伤因素持续存在可发展为细胞坏死。

2. 脂肪变性

脂肪变性是指非脂肪细胞的细胞质中出现脂滴或脂滴明显增多，多见于肝细胞、心肌细胞、肾小管上皮细胞等，尤以肝细胞最为常见。

（1）原因及发生机制：因严重感染、长期贫血、中毒、酗酒、缺氧、营养不良、糖尿病及肥胖等，引起脂肪在体内的运输、利用和转化的任何环节发生异常均可导致。以肝脂肪变性机制为例：① 进入肝的脂肪过多：如高脂饮食、长时间饥饿或糖尿病时，进入肝细胞的脂肪酸过多，若超过肝细胞利用、合成脂蛋白的能力时，脂肪沉积在肝细胞内；② 脂蛋白合成障碍：脂肪必须与载脂蛋白结合形成脂蛋白后才可运出肝外，当合成脂蛋白的磷脂及组成磷脂的胆碱不足时，或因乙醇、四氯化碳等中毒时，脂蛋白合成障碍，脂肪输出受阻而堆积在肝细胞内；③ 脂肪酸氧化障碍：感染、缺氧、中毒可使细胞线粒体受损，导致脂肪酸氧化受阻，对脂肪的利用下降，造成肝细胞内脂肪增多。

（2）病理变化。肉眼观察：脂肪变性组织、器官体积增大，包膜紧张，颜色淡黄，质地变软，切面触之有油腻感。显著弥漫的肝脂肪变性称为脂肪肝。心肌脂肪变性时，在左心室内膜下和乳头肌处出现平行的黄色条纹和正常的暗红色心肌相间排列，状若虎皮斑纹，称为虎斑心。镜下观察：变性的细胞体积增大，胞质内出现大小不等的圆形空泡（脂滴在制片过程中被有机溶剂溶解所致），有的可充满整个细胞，并将细胞核挤到一侧。冷冻切片可保存脂质，苏丹Ⅲ染色脂滴呈橘黄色。

（3）影响与结局：轻中度脂肪变性原因去除后，可恢复正常；严重的脂肪变性可引起细胞发生坏死，导致组织、器官功能障碍。

3. 玻璃样变性

玻璃样变性是指细胞或细胞间质中出现 HE 染色呈嗜伊红均质红染的半透明状的蛋白质蓄积，又称透明变性，主要见于结缔组织、血管壁及部分细胞内。

（1）结缔组织玻璃样变性：常见于瘢痕组织、动脉粥样硬化的纤维性斑块等。肉眼观察：呈灰白色，半透明，质韧，缺乏弹性。镜下观察：可见病变区纤维细胞明显减少，胶原纤维增粗、融合，形成均匀红染一致的毛玻璃样物质。

（2）血管壁玻璃样变性：常见于缓进型高血压和糖尿病的肾、脑、脾及视网膜等的细小动脉壁，是因细小动脉持续痉挛、缺氧，导致血管内膜通透性增高，血浆蛋白渗入并沉积于管壁，凝固成均质红染无结构的物质。细动脉玻璃样变性使管壁增厚、变硬、弹性下降，脆性增加，管腔狭窄或闭塞。

（3）细胞内玻璃样变性：因细胞吞饮蛋白质或细胞质内蛋白质性物质凝固，在细胞内出现均质红染、大小不等的圆形小体。如肾小球肾炎时，肾小管上皮细胞重吸收原尿中的蛋白质，与溶酶体融合形成的圆形红染小滴。

【学习小结】

变性 ｛ 概念：_____。
　　　 类型 ｛ _____。
　　　　　　 _____。
　　　　　　 _____。

【项目实训】

在显微镜下观察肝细胞脂肪变性的病理切片并讨论其特点。

【项目测试】

1. 填空题

（1）最常见的变性是_____。
（2）玻璃样变性有_____、_____和_____三种。

2. 单项选择题

（1）关于细胞水肿下列叙述中哪项不正确？（　　）
　　　A. 细胞膜受损钠泵功能障碍所致　　B. 胞浆疏松并透明
　　　C. 胞核淡染或稍大，有时不清　　　D. 属于可恢复性病变
　　　E. 继续发展，可形成玻璃样变性
（2）长期良性高血压病患者，病人全身血管出现的主要病变是（　　）。
　　　A. 大动脉硬化　　　　　　　　　B. 中等动脉硬化
　　　C. 小动脉黏液样变　　　　　　　D. 细动脉玻璃样变
　　　E. 细动脉脂质沉积
（3）细胞水肿发生的机制主要是由于（　　）。
　　　A. 内质网受损　　　　　　　　　B. 高尔基体受损
　　　C. 中心体受损　　　　　　　　　D. 线粒体受损
　　　E. 核糖体受损

项目二　坏　死

【学习目标】

（1）能够熟练描述坏死的概念、病变特点及结局。

（2）能够分析不同类型坏死的发生机制及其特点。
（3）能够对各类型坏死组织的镜下特点正确辨认。

【理论学习】

坏死是指活体内局部细胞、组织的死亡。坏死的细胞、组织，代谢停止，功能完全丧失，出现一系列形态学改变。坏死大多是从变性演变而来的，少数可迅速发生。

1. 基本病理变化

（1）细胞核的变化：细胞坏死的主要形态学标志。表现为① 核固缩：细胞核体积缩小，核染色加深；② 核碎裂：核膜破裂，核染色质崩解为小碎片，分散在胞质中；③ 核溶解：DNA酶和蛋白酶被激活，DNA降解，核染色变淡，最终核完全消失。

（2）细胞质的变化：由于胞质结构崩解呈红染颗粒状，进而细胞膜破裂，坏死的细胞解体。

（3）间质的变化：坏死一段时间内，间质常无改变；以后最终在各种溶解酶的作用下，基质崩解，最后坏死的细胞和崩解的间质融合成一片模糊的颗粒状、无结构的红染物质。

2. 坏死的类型

根据坏死的形态变化可将其分为以下四种类型。

（1）凝固性坏死：指坏死组织失水变干，细胞蛋白质凝固，形成灰白色或黄白色干燥的固体性物质，常见于心、肾、脾等器官的缺血性坏死。肉眼观察：坏死区干燥，呈灰黄或灰白色，与健康组织之间有一明显的暗红色出血带。镜下观察：坏死组织的细胞细微结构消失，但组织结构的轮廓依然保存。

干酪样坏死是结核杆菌引起的一种特殊类型的凝固性坏死。外观白色或微黄，质地松软、细腻，状似干酪，故称干酪样坏死。镜下观察：坏死组织彻底崩解，不见原组织轮廓，呈一片红染无结构的颗粒状物质。

（2）液化性坏死：指组织坏死后，经酶的消化、水解，坏死组织呈液体状或形成坏死腔，常见于含脂质较多的脑、脊髓、胰腺、脂肪等。

（3）纤维素样坏死：结缔组织或小血管壁常见的坏死形式。病变部位形成细丝状、颗粒状或小条块状无结构物质，由于与纤维素染色性质相似，故称纤维素样坏死，见于某些变态反应性疾病，如结节性多动脉炎、风湿病、系统性红斑狼疮等。

（4）坏疽：指较大范围的组织坏死并继发腐败菌感染，坏死组织呈黑色等特殊颜色改变。坏疽可分以下3种类型（见表2-1）。

表2-1 坏疽类型及特征

类型	干性坏疽	湿性坏疽	气性坏疽
形成原因	动脉阻断而静脉回流通畅	动脉阻断而静脉回流受阻	深达肌肉的开放性创伤合并产气杆菌等厌氧菌感染
好发部位	四肢末端，多见于足	常见于与外界相通的内脏器官，如肺、肠、子宫、阑尾等，也可见于肢端	肌肉深部、开放性创伤

续表

类型	干性坏疽	湿性坏疽	气性坏疽
病变特点	干燥、皱缩，黑或黑褐色，与周围健康组织分界清楚	肿胀、湿润，呈污黑、暗绿色等，与周围健康组织分界不清，有恶臭	肿胀呈蜂窝状，按之有捻发音，污秽暗棕色，与周围健康组织分界不清，有恶臭
影响结局	感染较轻，进展较缓慢	感染严重，全身中毒症状较重，预后较差	严重的全身中毒症状，发展迅速，多因中毒而死亡

3. 坏死的结局

（1）溶解吸收：较小坏死灶，在坏死细胞及中性粒细胞释放的蛋白溶解酶作用下溶解、液化，经淋巴管或血管吸收，碎片由巨噬细胞吞噬消化。

（2）分离排出：坏死灶较大时不易被完全溶解吸收，坏死组织被分离排出，可形成① 糜烂和溃疡：皮肤、黏膜的坏死组织脱落，形成局部缺损，浅的缺损称糜烂，深的缺损称溃疡；② 窦道、瘘管：深部组织坏死向体表或自然管道穿破，形成只有一个开口的病理性盲管，称为窦道，同时穿破或同时向两个及以上空腔脏器穿破，形成至少有两个开口的病理性通道，称为瘘管；③ 空洞：肺、肾等器官的组织坏死液化后经支气管、输尿管等自然管道排出，残留的空腔称为空洞。

（3）机化与包裹：新生肉芽组织取代坏死组织、血栓、血凝块、异物等的过程称为机化。当坏死组织不能被吸收排出时，则被肉芽组织机化，最后形成瘢痕。组织坏死灶较大，肉芽组织难以机化时，则由周围增生的纤维组织将其包绕，称为包裹。

（4）钙化：指陈旧的坏死组织中钙盐的沉积。

【学习小结】

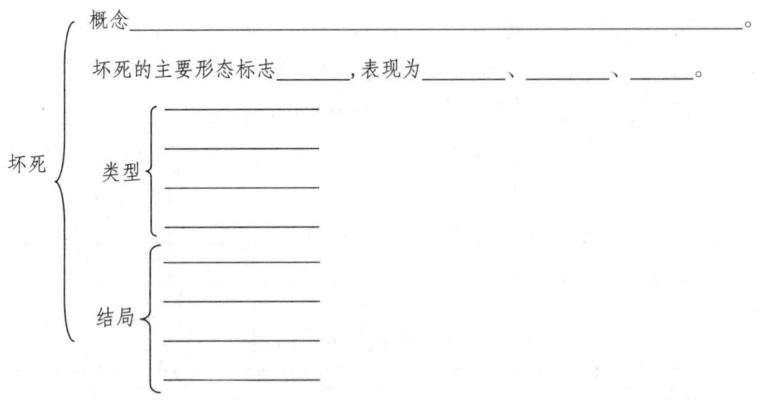

【项目实训】

分组讨论各类型坏死的异同点。

【项目测试】

1. 填空题

（1）形态学上可将坏死分为_____、_____、_____、_____四种类型。

（2）坏死的结局有_____、_____、_____、_____。

（3）坏死时细胞核的表现有_____、_____、_____。

2. 单项选择题

（1）有一老年病人，患动脉粥样硬化症十几年，曾出现跛行，左下肢第一足趾逐渐变黑而疼痛，此足趾病变可能为（　　）。

  A. 贫血性梗死　　　　　　B. 出血性梗死

  C. 干性坏疽　　　　　　　D. 湿性坏疽

  E. 黑色素瘤

（2）易发生干性坏疽的器官是（　　）。

  A. 肺　　　　　　　　　　B. 阑尾

  C. 膀胱　　　　　　　　　D. 四肢

  E. 子宫

（3）流行性脑脊髓膜炎的脑细胞发生的坏死为（　　）。

  A. 干酪样坏死　　　　　　B. 脂肪坏死

  C. 坏疽　　　　　　　　　D. 纤维素样坏死

  E. 液化性坏死

（4）关于干性坏疽的叙述，下列哪项是正确的？（　　）

  A. 发生机制为动脉闭塞而静脉回流受阻

  B. 腐败菌感染一般较重

  C. 全身中毒症状重

  D. 坏死区与周围组织没有界线

  E. 多见于四肢末端

（5）关于湿性坏疽好发部位错误的是（　　）。

  A. 肺　　　　　　　　　　B. 肠

  C. 子宫　　　　　　　　　D. 阑尾

  E. 肢端

（6）坏死组织经腐败菌作用后常可发生（　　）。

  A. 栓塞　　　　　　　　　B. 脂肪坏死

  C. 坏疽　　　　　　　　　D. 梗死

  E. 凝固

学习效果分析

内容	优秀 ≥90%	良好 80%~89%	一般 60%~79%	需要加油 <60%
项目测试				
项目实践				
自我反思				

第三节 损伤的修复

修复是指细胞和组织损伤后，机体对缺损的细胞、组织在形态和功能上进行修补恢复的过程。修复形式主要有再生和纤维性修复两种形式。

项目一 再 生

【学习目标】

能够熟练描述再生的概念、细胞再生能力的分类及不同细胞所属类别。

【理论学习】

一、再生的概念

再生是指机体同种细胞分裂增殖以补充机体衰老的细胞或进行损伤恢复的过程。前者为生理性再生，后者为病理性再生。生理性再生是指在生理过程中，机体有些细胞不断衰老、死亡，由新生的同种细胞增生补充，以维持原组织的形态和功能，如表皮细胞的脱落、子宫内膜周期性脱落等。病理性再生是指病理状态下，组织细胞缺损后发生的再生。

二、机体细胞按再生能力强弱的分类

1. 不稳定细胞

不稳定细胞又称持续分裂细胞，是再生能力最强的细胞，如表皮细胞、呼吸道和消化道黏膜被覆上皮细胞、淋巴细胞及造血细胞等。

2. 稳定细胞

稳定细胞又称静止细胞，是具有潜在较强再生能力的细胞。在生理情况下，这类细胞再生能力不明显，当组织受到损伤刺激时，表现出较强的再生能力，如肝、胰、内分泌腺、肾小管上皮细胞及成纤维细胞、软骨细胞、骨细胞、平滑肌细胞等。

3. 永久性细胞

永久性细胞又称非分裂细胞，这类细胞几乎无再生能力，一旦遭受破坏则成为永久性损伤，如神经细胞、骨骼肌细胞及心肌细胞等。

4. 神经组织的再生

脑和脊髓的神经细胞破坏后不能再生，由神经胶质细胞增生修复，形成胶质瘢痕。外周神经损伤后，若与其相连的神经细胞存活，由神经膜细胞增生、补充，可完全再生。

【学习小结】

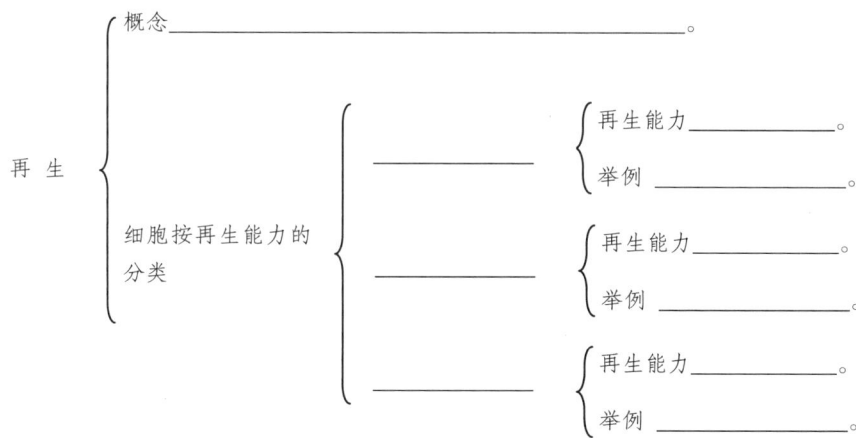

【项目实训】

小组讨论：举例说明各种细胞再生能力的强弱并归类。

【项目测试】

1. 填空题

按再生能力可将细胞分为＿＿＿＿＿、＿＿＿＿＿、＿＿＿＿＿。

2. 单项选择题

下列哪种细胞再生能力最强？（　　）

  A. 淋巴细胞   B. 软骨细胞

  C. 平滑肌细胞   D. 神经胶质细胞
  E. 成纤维细胞

项目二 纤维性修复

【学习目标】

（1）能够熟练描述肉芽组织的概念、形态特点及功能。
（2）熟知瘢痕组织对机体造成的影响。

【理论学习】

  机体通过肉芽组织增生，溶解、吸收损伤局部的坏死组织及其他异物，并填补组织缺损，以后肉芽组织转化为纤维结缔组织的修复，称为纤维性修复，因修复最后形成瘢痕组织，故又称为瘢痕修复。

一、肉芽组织

  肉芽组织是由新生的毛细血管、增生的成纤维细胞及各种炎性细胞组成的幼稚的结缔组织。

  1. 肉芽组织的形态
  肉眼观：呈鲜红色，颗粒状，柔软湿润，触之易出血，形似鲜嫩的肉芽。镜下观：新生的毛细血管以小动脉为轴心，垂直于创面生长，并相互吻合形成弓状凸起，其间有大量的成纤维细胞及数量不等的炎性细胞浸润。

  2. 肉芽组织的功能
  ① 抗感染及保护创面；② 填补伤口及缺损；③ 机化或包裹血凝块、坏死组织及其他异物。

二、瘢痕组织

  瘢痕组织是指肉芽组织经改建成熟的纤维结缔组织。

  1. 瘢痕组织的形态
  肉眼观察：呈苍白色或灰白色、半透明、质地坚韧、缺乏弹性。镜下观察：大量均质红染的平行或交错分布的胶原纤维束。

2. 瘢痕组织对机体的影响

有利方面：瘢痕组织的形成能将伤口及缺损填补，并长期牢固地连接起来。不利方面：① 瘢痕收缩，可引起器官变形及功能障碍，如胃溃疡瘢痕形成可致幽门梗阻；② 瘢痕性粘连，可不同程度地影响组织或器官功能，如结核性胸膜炎引起胸膜粘连。

【学习小结】

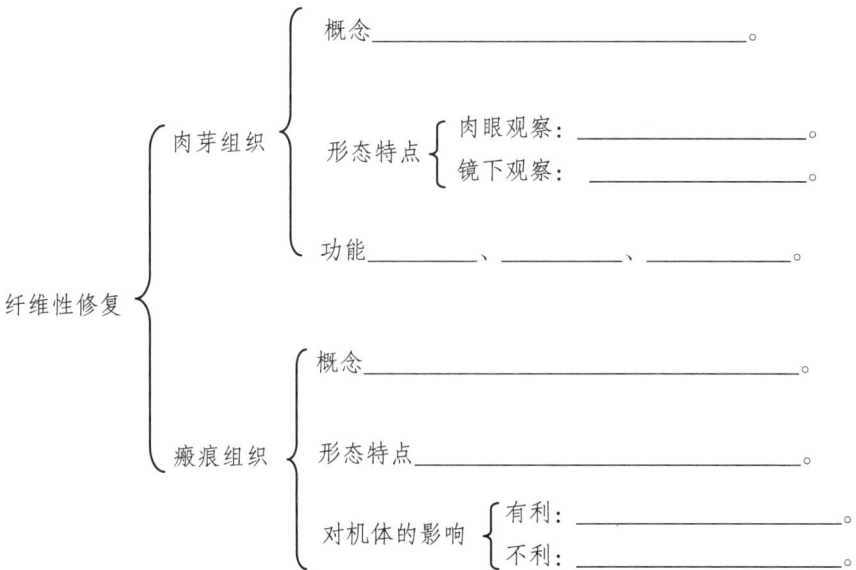

【项目实训】

观察肉芽组织的切片图，并写出其形态特点。

【项目测试】

1. 填空题

肉芽组织镜下观察主要由____、____及____构成。

2. 单项选择题

下列有关肉芽组织的叙述错误的是（　　）。
　　A. 表面呈鲜红、颗粒状　　　　B. 柔软湿润
　　C. 易出血　　　　　　　　　　D. 疼痛
　　E. 没有神经

项目三　创伤愈合

【学习目标】

知道创伤愈合的特点、过程及影响因素。

【理论学习】

创伤愈合是指机体遭受外力作用，皮肤等组织出现离断或缺损后的愈复过程。创伤愈合包括各种组织的再生、肉芽组织增生及瘢痕形成等过程。

一、皮肤及软组织的创伤愈合

1. 创伤愈合的基本过程

（1）伤口的早期变化：伤口局部有不同程度的组织坏死和血管断裂出血，数小时内便出现炎症反应，表现为充血、浆液渗出及白细胞游出，故局部红肿。白细胞以中性粒细胞为主，3 天后转为以巨噬细胞为主。伤口中的血液和渗出液中的纤维蛋白原很快凝固形成凝块，有的凝块表面干燥形成痂皮，凝块及痂皮起着保护伤口的作用。

（2）伤口收缩：2～3 天后伤口边缘的整层皮肤及皮下组织向中心移动，于是伤口迅速缩小，直到 14 天左右停止。伤口收缩的意义在于缩小创面。伤口收缩是伤口边缘新生的肌成纤维细胞的牵拉作用引起的。

（3）肉芽组织增生和瘢痕形成：大约从创伤后第 3 天开始从伤口底部及边缘长出肉芽组织，填平伤口。第 5～6 天起成纤维细胞产生胶原纤维，其后一周胶原纤维形成活跃，以后逐渐缓慢下来。随着胶原纤维越来越多，开始出现瘢痕，大约在伤后一个月瘢痕完全形成。

2. 创伤愈合的类型

根据损伤程度及有无感染，创伤愈合可分为以下两种类型。

（1）一期愈合：① 组织缺损少、创缘整齐、对合严密、无感染；② 伤口有少量血凝块，炎症反应轻微；③ 愈合时间短；④ 形成线状瘢痕。如手术切口愈合。

（2）二期愈合：与一期愈合相比有很大的不同，见表 2-2。

表 2-2　一期愈合与二期愈合的比较

愈合特点	一期愈合	二期愈合
伤口状态	缺损小，无感染	缺损大，或伴有感染
创缘情况	可缝合，创缘整齐、对合紧密	不能缝合，创缘无法整齐对合、哆开

续表

愈合特点	一期愈合	二期愈合
炎症反应	轻，再生与炎症反应同步	重，待感染控制、坏死清除后，开始再生
再生顺序	先上皮覆盖，再肉芽组织生长	先肉芽组织填平伤口，再上皮覆盖
愈合特点	愈合时间短，瘢痕小	愈合时间长，瘢痕大
举例	无菌手术切口	严重创伤伤口

二、骨折愈合

骨组织再生能力很强，骨折后，经过良好的复位，断端及时、牢靠固定，适当的功能锻炼，可恢复正常的结构和功能。骨折愈合的过程分为以下几个阶段。

1. 血肿形成

骨折第 1 天，在骨折的两端及其周围伴有大量出血，形成血肿，数小时后，血肿发生凝固，暂时黏合骨折断端。

2. 纤维性骨痂形成

骨折后 2~3 天，骨外膜和骨内膜处的骨膜细胞增生，肉芽组织逐渐长入血肿并逐渐将其机化取代，2~3 周后，肉芽组织纤维化变成瘢痕组织，形成纤维性骨痂。因不牢靠，无负重能力，又称临时性骨痂。

3. 骨性骨痂形成

骨折后 3 周左右，在纤维性骨痂形成的基础上，成纤维细胞逐渐分化为成骨细胞并形成类骨组织，逐渐钙盐沉积，类骨组织转变为编织骨。纤维性骨痂中的软骨组织也经过软骨化骨过程变成骨样组织，至此形成骨性骨痂。此时两断端已牢固结合，但骨小梁排列紊乱，结构较疏松，不具有正常骨骼的支持负重能力。此过程需要 2~3 个月。

4. 骨痂改建或再塑

随着负重能力、适应运动，骨性骨痂进一步改建，成为成熟的板层骨，皮质骨和骨髓腔的正常关系以及骨小梁正常的排列结构也重新恢复。需要几个月甚至 1~2 年才能完成。

三、影响修复的因素

1. 全身因素

（1）年龄：儿童、青少年的组织再生能力强，愈合快。老年人则相反。

（2）营养：严重的蛋白质缺乏，肉芽组织及胶原形成不良，伤口愈合延缓。维生素 C 缺乏影响了胶原纤维的形成，使伤口愈合延迟。

（3）药物的影响：如肾上腺皮质激素、抗癌药物等均可延缓伤口愈合。

（4）某些疾病的影响：尿毒症、糖尿病及某些免疫缺陷性疾病等，均可对创伤愈合产生不利影响。

2. 局部因素

（1）感染与异物：感染对再生修复的妨碍甚大。许多化脓菌能引起组织坏死，基质或胶原纤维溶解。伤口感染时，渗出物增多，可增加局部伤口的张力，可使正在愈合的伤口或已缝合的伤口裂开，或者导致感染扩散加重损伤。坏死组织及其他异物，既妨碍愈合又有利于感染。因此，对于感染的伤口，不能缝合，应及早引流。

（2）局部血液循环：局部血液循环良好时，一方面保证了组织再生所需的氧和营养，另一方面对坏死物质的吸收及控制局部感染也起重要作用。因此，局部血流供应良好时，再生修复好；反之，则伤口愈合迟缓，如伤口包扎过紧、下肢血管有动脉粥样硬化或静脉曲张等病变时。

（3）神经支配：完整的神经支配对组织再生有一定的作用。临床上清创时，应注意避免伤及神经，对有神经损伤的伤口，需要进行缝合处理，促进神经纤维再生。

（4）电离辐射：能破坏细胞，损伤小血管，抑制组织再生，影响伤口愈合。

【学习小结】

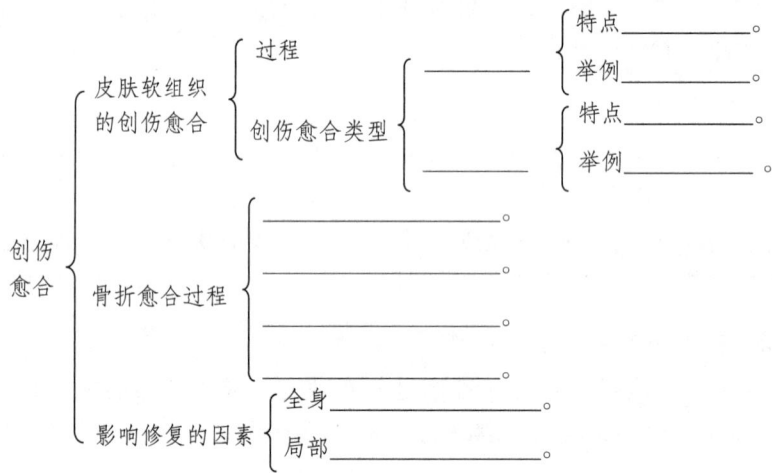

【项目实训】

分组讨论皮肤软组织损伤、骨折愈合的过程。

【项目测试】

（1）关于一期愈合的下列叙述中正确的是（　　）。

A. 创面大边缘不齐　　　　　　　　B. 需多量肉芽组织填平伤口
C. 创面不洁，易感染，炎症反应明显　D. 见于手术即时缝合的切口
E. 愈合时间长，形成较大瘢痕

（2）完成表2-3。

表 2-3　一期愈合和二期愈合

愈合类型	一期愈合	二期愈合
伤口状态		
创缘情况		
炎症反应		
愈合特点		

学习效果分析

内　容	优秀	良好	一般	需要加油
	≥90%	80%～89%	60%～79%	<60%
项目测试				
项目实践				
自我反思				

第三章 局部血液循环障碍

第一节 充 血

项目一 动脉性充血

【学习目标】

（1）能够正确描述充血的概念。
（2）能运用充血的理论知识解释实际生活中的相关案例。

【理论学习】

一、概 念

局部组织或器官因动脉输入血量过多，以致动脉血管内含血量增多，称为动脉性充血，简称充血。

二、充血的原因、特点、结局（见表3-1）

表3-1 充血的原因、特点、结局

类型	充血（动脉性充血）
原因	生理性因素（进食后，胃肠道充血） 病理性因素（炎性充血、减压后充血）
部位	小动脉和毛细血管
肉眼观	红、肿、热
镜下观	小动脉及毛细血管扩张，含血量增多
结局	短暂的血管反应，通常对机体无不良后果

【学习小结】

充血 {
概念：_____。
原因：_____。
病理变化：_____。
后果：_____。
}

【项目实训】

（1）观察充血的病理图片，说明其病理变化特点。
（2）小组讨论：情绪激动时，面部会发生什么变化？试解释其特点。

【项目测试】

充血是指局部组织或器官因_____过多，致使_____和_____内含血量增多。

项目二　静脉性充血

【学习目标】

（1）能够正确描述淤血的概念，能熟练举例说明淤血发生的原因。
（2）领会肝淤血、肺淤血的病理变化特点。
（3）能运用淤血的理论知识解释实际生活中的相关案例。

【理论学习】

一、淤血的概念

局部组织或器官由于静脉回流受阻，血液淤积于小静脉和毛细血管内，称为静脉性充血，简称淤血。

二、淤血的原因、特点、后果（见表 3-2）

表 3-2　淤血的原因、特点、结局

类　型	淤血（静脉性充血）
原　因	静脉受压、静脉腔阻塞、心力衰竭等
部　位	小静脉和毛细血管
肉眼观	紫（暗红）、肿、冷
镜下观	小静脉、毛细血管扩张，含血量增多
结　局	淤血性水肿、出血、硬化和实质细胞萎缩、变性、坏死等

三、重要器官淤血（见表 3-3）

表 3-3　肺淤血和肝淤血

		肺淤血	肝淤血
常见原因		左心衰竭	右心衰竭
病理变化	肉眼观	肺体积增大，暗红色，切面流出泡沫状红色血性液体；长期慢性淤血可出现肺褐色硬化，肺质地变硬，肉眼呈棕褐色	肝体积增大，暗红色，慢性肝淤血时肝的切面呈红（淤血区）黄（脂肪变区）相间的状似槟榔切面的条纹，称为"槟榔肝"；长期淤血可导致淤血性肝硬化
	镜下观	肺泡壁增厚，毛细血管扩张充血，部分肺泡腔内有水肿液及出血；慢性肺淤血肺泡腔内可见大量含有含铁血黄素颗粒的巨噬细胞，即心衰细胞	肝小叶中央静脉和肝窦扩张淤血；严重可见小叶中央肝细胞萎缩、变性和坏死小叶周边肝细胞脂肪变性
临床表现		气促、紫绀、咳嗽、咳粉红色泡沫痰	食欲不振、厌油腻，肝区胀痛

【学习小结】

淤血
- 概念：_____。
- 原因：_____、_____、_____。
- 病理变化：_____。
- 后果：_____、_____、_____。
- 重要器官淤血
  - 肺淤血
    - 原因：_____。
    - 病理变化
      - 肉眼特点：_____。
      - 镜下特点：_____。
  - 肝淤血
    - 原因：_____。
    - 病理变化
      - 肉眼特点：_____。
      - 镜下特点：_____。

【项目实训】

（1）观察肺淤血和慢性肝淤血的大体标本和病理切片，总结其特点并绘制肺淤血和肝淤血的镜下图。

（2）小组讨论：

① 试将橡皮筋绕到自己的手指观察被绕手指指端的变化？解释此现象。

② 为什么在静脉输液穿刺前结扎止血带？

【项目测试】

1．填空题

（1）慢性肝淤血常见于_____，肉眼观似_____，称为_____。

（2）慢性肺淤血时，肺泡腔内漏出的_____被_____吞噬，成为胞质中含有含铁血黄素颗粒的_____。

（3）淤血造成的后果有_____、_____、_____、_____。

2．单项选择题

（1）淤血组织可有下述表现，除了（　　）。

    A．肿胀　　　　　　　　　　B．紫绀

    C．颜色鲜红，温度升高　　　D．局部组织产热减少

    E．组织代谢下降

（2）左心衰竭发生淤血的器官是（　　）。

    A．肝　　　　　　　　　　　B．肾

    C．肺　　　　　　　　　　　D．脾

    E．脑

（3）"槟榔肝"是指肝脏发生了（　　）。

    A．硬化　　　　　　　　　　B．慢性炎症

    C．脂肪沉积　　　　　　　　D．慢性淤血

    E．红色（黄色）萎缩

（4）下列关于肝淤血的叙述，错误的是（　　）。

    A．可引起肝内纤维组织增生　　B．可引起肝细胞萎缩、脂肪变性

    C．可引起肝血窦扩张　　　　　D．可引起中央静脉扩张

    E．可引起肝细胞大片坏死

（5）心衰细胞见于（　　）。

    A．左心衰竭时肺泡腔内　　　B．右心衰竭时肺泡腔内

    C．肺水肿时肺泡腔内　　　　D．肝淤血时肝脏内

    E．脾淤血时脾脏内

（6）右心衰竭引起淤血的器官主要是（　　）。

A. 肺、肝及胃肠道　　　　　　B. 肺、脑及胃肠道
C. 肝、脾及胃肠道　　　　　　D. 肾、肺及胃肠道
E. 脾、肺及胃肠道

（7）肺淤血时痰液中出现胞质中含有棕黄色色素颗粒的巨噬细胞称为（　　）。
A. 支气管黏膜上皮细胞　　　　B. 肺泡上皮细胞
C. 异物巨细胞　　　　　　　　D. 单核细胞
E. 心衰细胞

学习效果分析

内容	优秀	良好	一般	需要加油
	≥90%	80%～89%	60%～79%	<60%
项目测试				
项目实践				
自我反思				

第二节　出　血

【学习目标】

（1）能正确描述出血的概念。
（2）领会内出血和外出血相关专业名词的意义。
（3）知道出血的原因、类型和后果。
（4）能够应用所学知识对出血进行正确分析和判断。

【理论学习】

一、出血的概念

血液从血管或心腔逸出，称为出血。根据发生部位不同，出血可分为内出血（指血液逸入体腔或组织内）和外出血（指血液流出体外）。

二、病因和发生机制

出血按血液逸出的机制分为以下两类（见表3-4）。

表 3-4 破裂性出血和漏出性出血

分类	概念	原因	举例
破裂性出血	由心脏或血管壁破裂所致,一般出血量较多	血管机械性损伤	割伤、刺伤
		血管壁或心脏本身病变	室壁瘤、主动脉瘤破裂
		静脉破裂	肝硬化食管下段静脉曲张破裂
		血管壁周围病变侵蚀	恶性肿瘤侵及周围的血管
		毛细血管破裂	局部软组织损伤
漏出性出血	由于血管通透性增高,导致血液逸出	血管壁的损害	缺氧、感染、中毒等因子损害
		血小板减少或功能障碍	再生障碍性贫血、白血病、DIC(弥散性血管内凝血)
		凝血因子缺乏	血友病、DIC

三、病理变化

(1)内出血
- 体腔积血:血液积聚于体腔内称体腔积血,如心包积血。
- 血肿:在组织内局限性的大量出血,称为血肿,如皮下血肿。
- 瘀点:微小的出血进入皮肤、黏膜、浆膜面形成较小的出血点。
- 瘀斑:严重时出血灶直径超过 1 cm,称为瘀斑。
- 紫癜:出血灶的大小介于瘀点和瘀斑之间,且多发者称为紫癜。

(2)外出血
- 鼻衄:鼻黏膜出血排出体外。
- 咯血:呼吸道出血经口排到体外。
- 呕血:上消化道出血出血经口排到体外。
- 便血:消化道出血随粪便排出体外。
- 尿血:泌尿系统出血随尿排出体外。

四、后　果

出血对机体的影响取决于出血的类型、出血量、出血速度和出血部位。少量出血,大多可自行止血,局部组织或体腔内的血液可通过吸收或机化消除;较大的血肿吸收不完全可机化或纤维包裹；在短时间内丧失循环血量 20%～25%时，可发生失血性休克，慢性、小量长时间出血，可致贫血。

【学习小结】

出血 ｛ 概念：出血是指血液从＿＿＿＿＿＿＿＿＿＿＿＿＿＿＿＿＿＿＿。
分类 ｛ 按部位分：＿＿＿＿＿和＿＿＿＿＿。
按机制分：＿＿＿＿＿和＿＿＿＿＿。
后果：一次急性出血量达到总血量的＿＿＿＿＿%，会引起失血性休克。

【项目实训】

案例分析：

蔡先生，69 岁，高血压病病史 25 年，今晨起床后家属发现病人深昏迷，呕吐咖啡样液体。体格检查：体温 39.8 ℃，深昏迷，双侧瞳孔呈针尖样，交叉性瘫痪。

请问：

（1）患者出现上述病变的原因是什么？

（2）如果原因是出血，属于哪种类型的出血？

【项目测试】

1. 填空题

（1）出血是指血液从＿＿＿＿＿或＿＿＿＿＿逸出。

（2）出血按发生部位分为＿＿＿＿＿和＿＿＿＿＿；按发生机制分为＿＿＿＿出血和＿＿＿＿出血。

（3）短时间内出血量达到全血总量的＿＿＿＿＿＿可发生失血性休克。

2. 单项选择题

（1）漏出性出血多发生在（　　）。

　　A. 小动脉　　　　　　　B. 小静脉
　　C. 毛细血管　　　　　　D. 中动脉
　　E. 中静脉

（2）皮肤、黏膜、浆膜少量出血，在局部可见（　　）。

　　A. 积血　　　　　　　　B. 淤血
　　C. 血肿　　　　　　　　D. 瘀点
　　E. 凝血块

学习效果分析

内容	优秀 ≥90%	良好 80%~89%	一般 60%~79%	需要加油 <60%
项目测试				
项目实践				
自我反思				

第三节　血栓形成

项目一　血栓形成的条件和机制

【学习目标】

（1）能熟练解释血栓形成的概念，列举出血栓形成的条件。
（2）领会血栓形成的过程和机理。

【理论学习】

一、概　念

在活体的心血管腔内，血液凝固或血液中的某些成分互相黏集，形成固体质块的过程，称为血栓形成，所形成的固体质块称为血栓。

二、形成条件

1. 心血管内膜的损伤

由于内皮下胶原暴露，可继发① 血小板黏附、聚集；② 血液中的Ⅻ因子活化形成Ⅻa，激活内源性凝血系统；③ 组织因子（Ⅲ因子）释放，激活外源性凝血系统。

2. 血流状态的改变

正常血流是分层流动的，轴流是红细胞和白细胞，其外是血小板，边流是血浆。

（1）血流缓慢。可使轴流中的血小板进入边流，易与血管内膜接触而黏附。局部黏集的血小板和形成的凝血因子不易被稀释和冲走，有利于血栓形成。

（2）涡流形成。涡流冲击力可使受损的内皮细胞脱落，暴露内皮下胶原纤维，并因离心力的作用使血小板靠边和聚集而形成血栓。

3．血液凝固性增加

血小板、凝血因子增多或纤维蛋白溶解系统活性降低，导致血液处于高凝状态。

上述血栓形成的条件，往往同时存在，相互影响。

【学习小结】

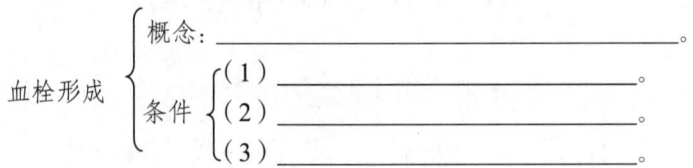

【项目实训】

小组讨论：为什么静脉血栓多于动脉血栓、下肢血栓多于上肢血栓？手术后为什么要尽早下床活动或按摩下肢？

【项目测试】

1．填空题

血栓形成的条件包括_____、_____、_____。

2．单项选择题

（1）血栓形成的条件，下列错误的说法是（　　）。

　　A．血管内膜损伤　　　　　　B．血管中层坏死
　　C．血流状态的改变　　　　　D．血液凝固性增高
　　E．血流缓慢

（2）血栓形成多见于（　　）。

　　A．上肢静脉　　　　　　　　B．下肢静脉
　　C．锁骨下静脉　　　　　　　D．下腔静脉
　　E．颈静脉

（3）下述情况与血栓形成有关，除了（　　）。

　　A．内皮下胶原纤维暴露　　　B．血管内涡流形成
　　C．癌细胞崩解产物释放　　　D．血小板释放 ADP 增多
　　E．血浆纤维蛋白溶解酶水平升高

项目二 血栓的类型

【学习目标】

（1）能熟练列举常见血栓的类型。
（2）能区别四种不同类型的血栓。

【理论学习】

一、白色血栓

1. 病变特点

肉眼观：呈灰白色，质地较硬，与血管壁紧连。镜下观：白色血栓主要由许多珊瑚状的血小板小梁构成，小梁周围有许多中性粒细胞以及少量纤维素。

2. 部　位

可单独存在，常见于血流速度快的心瓣膜（如风湿性心内膜炎时瓣膜闭锁缘上的赘生物）、心腔内、动脉，也可构成静脉血栓的头部。

二、混合血栓

1. 病变特点

肉眼观：呈红褐色和灰白色相间的条纹结构。镜下观：见珊瑚状血小板小梁表面附着有白细胞，小梁间纤维蛋白网架形成，其内可见红细胞。

2. 部　位

混合血栓多发生于血液缓慢、出现涡流的静脉内，为静脉内延续性血栓的体部。

三、红色血栓

1. 病变特点

呈暗红色。新鲜时表面光滑、湿润、有弹性；陈旧时干燥易碎易脱落，造成栓塞。

2. 部　位

红色血栓主要见于静脉内，构成延续性血栓的尾部。

四、透明血栓

透明血栓又称微血栓，只能在显微镜下见到，主要由纤维素构成，形成于微循环，见于弥散性血管内凝血（DIC）。

【学习小结】

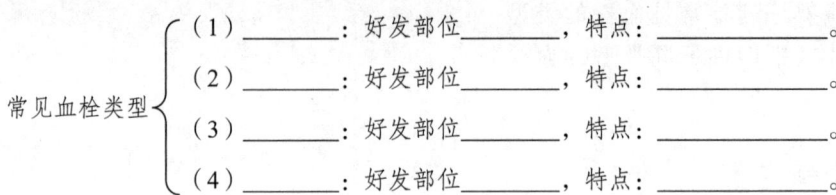

常见血栓类型
- （1）_____：好发部位_____，特点：_____。
- （2）_____：好发部位_____，特点：_____。
- （3）_____：好发部位_____，特点：_____。
- （4）_____：好发部位_____，特点：_____。

【项目实训】

观察静脉内混合血栓，绘制镜下图且标明混合血栓的组成。

【项目测试】

1. 填空题

透明血栓的主要成分是_____，见于_____。

2. 单项选择题

（1）透明血栓最常见于（　　）。
A. 小静脉　　　　　　　　B. 小动脉
C. 中型动脉　　　　　　　D. 大静脉
E. 毛细血管

（2）主要由纤维蛋白构成的血栓是（　　）。
A. 透明血栓　　　　　　　B. 红色血栓
C. 混合血栓　　　　　　　D. 白色血栓
E. 附壁血栓

（3）下列血栓中，哪种是白色血栓？（　　）
A. 疣状心内膜炎的瓣膜赘生物　　B. 心房颤动时心耳内球状血栓
C. 心肌梗死时的附壁血栓　　　　D. 微循环内的微血栓
E. 下肢深静脉的延续性血栓

（4）混合血栓的形态学特征是（　　）。
A. 血小板和少量纤维蛋白

B. 血小板小梁、纤维蛋白及红细胞
C. 血液中细胞成分与血浆成分分层
D. 同质的纤维蛋白
E. 纤维蛋白网眼中充满红细胞

（5）透明血栓的主要成分是（　　）。
A. 纤维蛋白　　　　　　　　B. 血小板
C. 红细胞　　　　　　　　　D. 中性粒细胞
E. 淋巴细胞

（6）白色血栓发生于（　　）。
A. 血流不变时　　　　　　　B. 血流较快时
C. 血流减慢时　　　　　　　D. 血流停滞时
E. 组织出血时

（7）延续性血栓的形成顺序为（　　）。
A. 白色血栓、混合血栓、红色血栓
B. 混合血栓、红色血栓、白色血栓
C. 红色血栓、白色血栓、混合血栓
D. 混合血栓、白色血栓、红色血栓
E. 红色血栓、混合血栓、白色血栓

3. 完成表3-5。

表3-5　血栓的病理特点

类　型	病理特点		好发部位
	肉眼观	镜下观	
白色血栓			
混合血栓			
红色血栓			
透明血栓			

项目三　血栓的结局、对机体的影响

【学习目标】

能熟练叙述血栓的结局及血栓对机体造成的影响。

【理论学习】

一、血栓的结局

1. 溶解、吸收或脱落

血栓是持续增大还是软化溶解、吸收，取决于凝血系统与纤溶系统之间活性的对比，当纤溶系统活性增强时，血栓可以被逐渐溶解，小的血栓可被完全溶解吸收，大的血栓部分溶解软化，在血流的冲击下整个或部分脱落形成栓子，随血流运行至远处组织、器官，可引起栓塞。

2. 机化与再通

血栓若存在时间较长，由血管壁向血栓内长入新生的肉芽组织并逐渐取代血栓的过程，称为血栓机化。机化后的血栓与血管壁紧密粘连，不易脱落。机化后的血栓干燥收缩，与血管壁之间出现裂隙，或血栓本身出现裂隙，新生的血管内皮细胞再生覆盖于裂隙表面，形成新生的血管腔，使阻塞的血管部分地重新恢复血流的过程称为再通。

3. 钙　化

陈旧性血栓既没被溶解又不被充分机化时，可发生钙盐沉着而形成质地坚硬的钙化质块。在静脉内即形成静脉石。

二、血栓对机体的影响

血栓形成对人体有有利的一面，但更多更重要的是危害。

1. 有利方面

止血、防出血；防止病原微生物及代谢产物扩散。

2. 不利方面

（1）阻塞血管。动脉内血栓形成，可部分阻塞管腔，局部组织或器官可因缺血而发生萎缩；当完全阻塞管腔而又缺乏有效的侧支循环时，可引起局部器官的缺血性坏死（如冠状动脉血栓形成引起心肌梗死、脑动脉血栓形成引起的脑梗死等）。静脉内血栓形成，若未能建立有效的侧支循环，则可引起局部淤血、水肿、出血，严重时可发生坏死（如肠系膜静脉血栓可导致肠出血性坏死）。

（2）引起栓塞。血栓因部分或全部脱落，形成栓子，随血流运行，形成栓塞（详见栓塞）。

（3）引起心瓣膜病。发生于心瓣膜上的血栓，机化后可引起瓣膜粘连、增厚，使瓣膜变形，导致瓣膜的狭窄或关闭不全。

（4）广泛出血和休克。微循环广泛的微血栓形成，可引起全身性广泛出血和休克。

【学习小结】

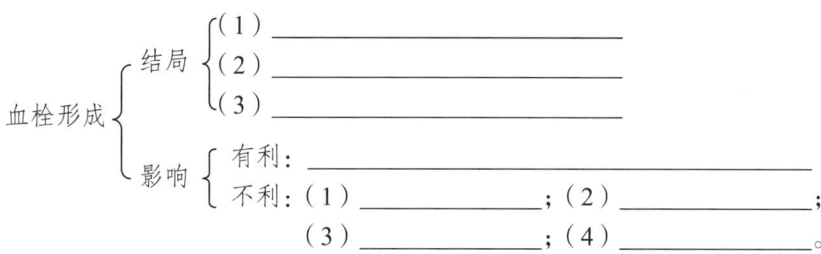

【项目实训】

案例分析：

患者，男，50岁，因大面积烫伤而住院。为抢救患者，在住院期间多次从下肢静脉穿刺、切开进行输血、输液。经过一个多月的治疗，因病情严重而死亡。在尸检中发现，左肺下叶呈暗红色，肿胀，与周围分界不清，肺动脉内有一血栓。

请问：患者肺动脉内的血栓起初在何部位形成？该处形成的血栓的结局是什么？

【项目测试】

1．填空题

（1）血栓的结局有_____、_____、_____。

（2）血栓对机体造成不利的影响有_____、_____、_____和_____。

2．单项选择题

（1）血栓由肉芽组织逐渐取代的过程称为（   ）。

  A．血栓溶解   B．血栓脱落

  C．血栓再通   D．血栓机化

  E．血栓钙化

（2）血栓的结局，不包括（   ）。

  A．梗死   B．溶解、吸收

  C．钙化   D．机化

  E．再通

（3）血栓对机体的不利影响不包括（   ）。

  A．阻塞血管   B．阻塞血管破口，阻止或预防

  C．心瓣膜变形   D．DIC，并引起广泛出血和休克

  E．栓塞

学习效果分析

内容	优秀 ≥90%	良好 80%~89%	一般 60%~79%	需要加油 <60%
项目测试				
项目实践				
自我反思				

第四节 栓 塞

项目一 概念、栓子的运行途径

【学习目标】

(1) 能熟练解释栓塞、栓子的概念,并能列举出栓子的种类。
(2) 领会栓子的运行途径。
(3) 运用所学知识分析、判断关于栓塞案例的临床表现及其发生、发展和转归。

【理论学习】

一、概 念

1. 栓 塞

在循环血液中出现的不溶于血液的异常物质,随血流运行阻塞血管管腔,这种现象称为栓塞。

2. 栓 子

阻塞血管的异常物质称为栓子,最常见的栓子是血栓栓子。

二、栓子的运行途径

栓子的运行途径通常与血流方向一致,主要有以下几条:

1. 左心和体循环动脉内的栓子

栓塞于口径相当的动脉分支,如脑、肾、脾和下肢动脉。

2. 右心和体循环静脉内的栓子

栓塞于肺动脉干或其分支。

3. 门静脉系统的栓子

来自于门静脉属支的栓子，引起肝内门静脉分支的栓塞。

4. 交叉性栓塞

当存在房间隔或室间隔缺损时，血栓可随血流自高压力侧到达低压力侧，引起栓塞。

5. 逆行性栓塞

逆行性栓塞罕见，来自于下腔静脉内的栓子，因剧烈咳嗽或呕吐使胸腹压急剧升高时逆血流运行，引起肾、肝以及髂静脉栓塞。

【学习小结】

栓塞 ┃ 概念：_____。
　　 ┃ 运行途径 ┃（1）左心和体循环动脉栓子脱落，栓塞于_____。
　　 ┃　　　　　┃（2）右心和体循环静脉栓子脱落，栓塞于_____。
　　 ┃　　　　　┃（3）门静脉属支栓子脱落，栓塞于_____。

【项目实训】

案例分析：

患者，男，56岁，因大面积烫伤而住院。为抢救患者，在住院期间多次从下肢静脉穿刺、切开进行输血、输液。经过一个多月的治疗，因病情严重而死亡。在尸检中发现，左肺下叶呈暗红色，肿胀，与周围分界不清，肺动脉内有一血栓。

请问：

（1）解释患者死亡的原因。

（2）患者原发部位的血栓是如何到达肺动脉的？

【项目测试】

1. 填空题

体静脉系统及右心的栓子常引起_____栓塞。

2. 单项选择题

（1）最常见的栓子是（　　）。

A. 血栓　　　　　　　　　　B. 脂肪
　　C. 羊水　　　　　　　　　　D. 空气
　　E. 寄生虫
（2）循环血液中的异常物质随血流运行，堵塞血管腔的过程称为（　　）。
　　A. 血栓　　　　　　　　　　B. 栓子
　　C. 栓塞　　　　　　　　　　D. 梗死
　　E. 血栓形成
（3）栓子的最确切定义是（　　）。
　　A. 阻塞血管的异常物质　　　B. 阻塞血管的液态物质
　　C. 阻塞血管的固态物质　　　D. 阻塞血管的气态物质
　　E. 阻塞血管的脂肪
（4）脑动脉栓塞患者其栓子可来自（　　）。
　　A. 左心房附壁血栓　　　　　B. 右心房附壁血栓
　　C. 下肢静脉血栓　　　　　　D. 肠系膜静脉血栓
　　E. 右心室附壁血栓

项目二　栓塞类型

【学习目标】

（1）能熟练说出临床上常见栓塞的类型。
（2）知道各型栓塞对机体的影响。

【理论学习】

一、血栓栓塞

血栓栓塞最常见，约占栓塞总数的99%。

1. 肺动脉栓塞

血栓栓子绝大多数来自于下肢深部静脉。肺动脉栓塞的后果，取决于栓子的大小、数量和心、肺功能状态。

2. 体循环动脉栓塞

栓子绝大多数来自左心，其次为动脉粥样斑块表面的血栓。动脉栓塞以四肢、脑、肾、脾常见。

二、脂肪栓塞

脂滴进入血液循环引起栓塞的现象称为脂肪栓塞。栓子常来源于长骨骨折或脂肪组织有严重挫伤等。脂肪栓塞的后果取决于脂滴量和栓塞的部位。

三、气体栓塞

多量空气迅速进入血液循环或原已溶解于血液内的气体迅速游离，均可造成气体栓塞。

1. 空气栓塞

如头颈手术、胸壁和肺创伤损伤静脉时，空气进入具有负压的静脉。少量空气进入后会溶解，不引起严重后果。若空气大量（100 mL 以上）进入右心后，由于心脏搏动及血流的冲击，将空气和血液搅拌成大量泡沫，心脏收缩时可引起肺动脉断流而导致猝死。

2. 氮气栓塞

溶解于血液内的气体迅速游离形成气泡（主要是氮气）引起的气体栓塞，又称为减压病。血液内溶解的空气量与大气压有关，压力越高，溶解度越大。沉箱作业的人员，由于沉箱内气压高，吸入的空气较多地溶解于血液、组织和脂肪组织内。如果从深水中上升到水面过于迅速，使原来的高压环境迅速降低，溶解于血液内的氧、二氧化碳和氮很快游离形成气泡，氧、二氧化碳会迅速被再溶解，而氮气溶解度低，小气泡很快形成大气泡，在血管内形成气体栓塞，引起局部组织的缺血和梗死。因而，减压病又被称为"沉箱病"。

四、羊水栓塞

在分娩过程中，羊水经开放的血窦及破裂的子宫血管进入母体血液循环而引起的栓塞称为羊水栓塞。镜下栓塞的肺小血管内可见羊水成分，包括角化上皮、胎毛、胎脂、胎粪等。

五、其他栓子栓塞

肿瘤栓子栓塞，可引起局部形成转移瘤。细菌团、寄生虫和虫卵进入血液也可引起栓塞。

【学习小结】

栓塞类型
- （1）_____栓塞，最常见。肺动脉栓塞的栓子多来自于_____，体循环动脉栓塞的栓子主要来源于_____。
- （2）_____栓塞，来自于_____和脂肪组织挫伤。
- （3）_____栓塞，多见于头颈部、胸壁和肺创伤损伤等。
- （4）_____栓塞，多见于潜水员从深海迅速浮出水面。
- （5）_____栓塞，多见于产科意外。

【项目实训】

案例分析：

患者，女性，25岁，足月待产时自然破膜，约10分钟后，出现寒战及呼吸困难，因病情恶化，抢救无效死亡。尸检发现双肺明显水肿、淤血及出血，部分区域实变，切面红褐色，多数血管内可见数量不等的有形羊水成分，如胎粪、胎脂、角化物及角化细胞等。

问题：该产妇的病理诊断是什么？诊断依据是什么？

【项目测试】

1. 填空题

（1）栓塞类型有_____、_____、_____和_____四种类型。
（2）长骨骨折的病人可能发生_____栓塞。

2. 单项选择题

（1）栓塞最常见的类型为（　　）。
　　A. 血栓栓塞　　　　　　B. 脂肪栓塞
　　C. 羊水栓塞　　　　　　D. 空气栓塞
　　E. 瘤细胞栓塞
（2）肺动脉血栓栓塞时，其栓子多来自（　　）。
　　A. 肱静脉　　　　　　　B. 股静脉
　　C. 主动脉　　　　　　　D. 上腔静脉
　　E. 下腔静脉
（3）左心室附壁血栓可引起（　　）。
　　A. 心力衰竭　　　　　　B. 肺淤血
　　C. 肺动脉栓塞　　　　　D. 心壁穿孔
　　E. 脑动脉栓塞

（4）羊水栓塞的主要病理诊断依据是（　　）。

　　A. 肺小血管和毛细血管内有羊水成分　B. 微循环内透明血栓

　　C. 肺广泛出血　　　　　　　　　　　D. 肺泡腔内有角化上皮、胎便小体

　　E. 肺内透明膜形成

（5）引起减压病的栓塞为（　　）。

　　A. 血栓栓塞　　　　　　　　B. 脂肪栓塞

　　C. 羊水栓塞　　　　　　　　D. 空气栓塞

　　E. 氮气栓塞

（6）潜水员过快地从海底升到水面容易发生（　　）。

　　A. 肺不张　　　　　　　　　B. 肺气肿

　　C. 血栓栓塞　　　　　　　　D. CO_2 栓塞

　　E. 氮气栓塞

（7）患者，男，20 岁，因交通事故致骨盆及右股骨骨干双骨折，处理时突发呼吸困难、窒息，首先考虑患者发生了（　　）。

　　A. 创伤性休克　　　　　　　B. 失血性休克

　　C. 继发感染　　　　　　　　D. 骨肿瘤

　　E. 肺脂肪栓塞

学习效果分析

内容	优秀	良好	一般	需要加油
	≥90%	80%～89%	60%～79%	<60%
项目测试				
项目实践				
自我反思				

第五节　梗　死

项目一　概　述

【学习目标】

能熟练解释梗死的概念，列举梗死的原因。

【理论学习】

一、概 念

局部组织或器官由于血液供应中断引起的缺血性坏死，称为梗死。

二、梗死的原因

1. 动脉血栓形成

梗死的最常见原因。

2. 动脉栓塞

动脉栓塞常见，多见于血栓栓塞，常引起肾、脾、脑和肺梗死。

3. 动脉痉挛

在已有动脉硬化病变基础上，存在明显诱因影响，继发持续性痉挛引起。

4. 血管受压闭塞

动脉受压管腔闭塞，或动静脉均受压迫引起梗死。

【学习小结】

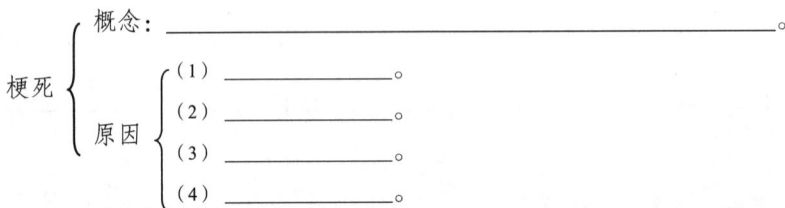

【项目实训】

分组讨论：淤血、血栓形成、栓塞、梗死之间的关系。

【项目测试】

1. 填空题

_____是梗死最常见的原因。

2. 单项选择题

下列引起梗死的原因中，哪项是错误的？（　　　）

A. 动脉血栓形成　　　　　　　　　B. 动脉栓塞
C. 动脉痉挛　　　　　　　　　　　D. 血管腔受压闭塞
E. 血管扩张

项目二　梗死的特点、类型、对机体的影响

【学习目标】

（1）列举梗死的类型并能说出梗死的病理特点。
（2）运用所学知识正确分析、判断梗死案例，会由果及因分析梗死与血栓形成、栓塞之间的关系。

【理论学习】

一、梗死的类型及病理变化

根据梗死灶内含血量的少与多，梗死可分为两种类型（见表3-6）。

表3-6　贫血性梗死和出血性梗死

类型		贫血性梗死	出血性梗死
发生条件		组织结构致密；侧支循环不充分或血供不丰富	组织结构疏松；双重血液供应或吻合支丰富；有严重淤血基础
好发部位		心、脑、脾、肾	肺、肠
病理变化	肉眼观	梗死灶灰白色，质较硬，周围有充血-出血带，与周围组织分界清楚。肾、脾梗死灶呈锥形，切面呈楔或扇形，尖端位于血管阻塞处，底部朝器官表面；心肌梗死形状不规则如地图；脑梗死为液化性坏死	病灶弥漫性出血，呈暗红色，与周围组织分界不清。肺梗死灶呈锥形，尖端指向肺门，底靠肺膜；肠管梗死呈节段性
	镜下观	组织轮廓尚存，细胞核消失，可见炎细胞浸润和充血出血带	梗死区组织坏死和弥漫性出血

二、梗死对机体的影响

梗死对机体的影响取决于梗死灶的大小与部位和有无感染等。脾梗死一般影响较小；

肾脏梗死，患者可出现腰痛、血尿等症状；心肌梗死严重者可致心力衰竭，甚至死亡；肠梗死可引起肠穿孔和弥漫性腹膜炎。

【学习小结】

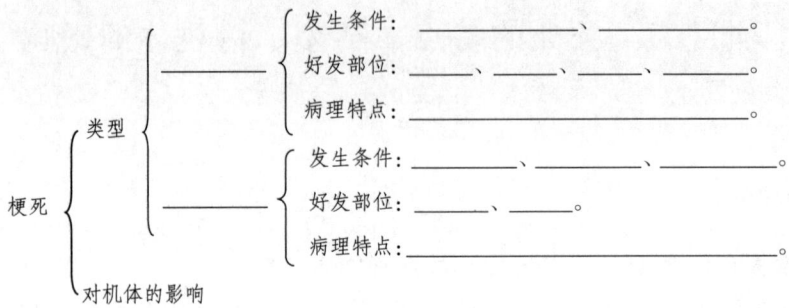

【项目实训】

（1）观察梗死组织的病理标本，巩固对梗死组织的病理特点的认识。

（2）案例分析：

患者，男，因外伤性脾破裂而入院手术治疗。术后卧床休息，一般情况良好。术后第9天，右小腿腓肠肌部位有压痛及轻度肿胀。医生考虑为小腿静脉有血栓形成，嘱其安静卧床，暂缓活动。术后第11天傍晚，患者自行起床去厕所后不久，突感左侧胸痛并咯血数口。次日查房时，胸痛更甚，听诊有明显胸膜摩擦音。X线检查左肺下叶有范围不大的三角形阴影。病人年初曾因心脏病发作而住院，内科诊断为风湿性心脏病，二尖瓣狭窄。经治疗后，最近数月来症状缓解。请问：

① 左肺可能是什么病变？与前者有无联系？肺内病变的病理变化及发生机制是什么？

② 患者右小腿静脉血栓形成的可能因素有哪些？

【项目测试】

1. 填空题

（1）根据梗死灶内含血量的少与多，将梗死分为_____和_____。

（2）心肌梗死灶呈_____形，脾梗死灶呈_____形，肾梗死灶呈_____形，肺梗死灶呈_____形，肠梗死灶呈_____形。

2. 单项选择题

（1）下述早期肾梗死的形态结构特征，哪项是错的？（   ）

    A. 梗死区呈不规则形　　　　　　　　B. 病灶灰白色

C. 呈凝固性坏死 D. 原有的组织轮廓留存

E. 周围有明显的出血带

（2）梗死灶的形状取决于（　　）。

A. 该器官的血管分布 B. 坏死灶的大小

C. 梗死灶内的含血量 D. 坏死的类型

E. 侧支循环建立

（3）下列哪个器官的梗死为液化性坏死？（　　）

A. 心 B. 肠

C. 肺 D. 脑

E. 肾

（4）贫血性梗死最常发生于哪些器官？（　　）

A. 肾、心、脑 B. 心、肾、肠

C. 肺、脾、脑 D. 心、肠、脾

E. 脑、肺、肾

（5）出血性梗死常发生于（　　）。

A. 肺 B. 心

C. 肾 D. 脾

E. 脑

学习效果分析

内容	优秀	良好	一般	需要加油
	≥90%	80%~89%	60%~79%	<60%
项目测试				
项目实践				
自我反思				

第四章 炎 症

项目一 炎症的概念及原因

【学习目标】

（1）能熟练解释炎症的概念，通过概念的学习，正确认识炎症的实质。
（2）熟知炎症的原因。

【理论学习】

一、炎症的概念

炎症是指具有血管系统的活体组织对各种致炎因子引起的损伤所发生的防御反应。炎症局部组织的基本病理变化有变质、渗出和增生。临床局部表现为红、肿、热、痛和功能障碍，并伴有不同程度的全身反应，如发热、白细胞计数改变、单核-巨噬细胞系统细胞增生等。

二、炎症的原因

任何能够引起细胞和组织损伤的因素都可以成为炎症的原因，即为致炎因子。致炎因子种类繁多，可归纳为以下几类。

（1）生物性因子：包括细菌、病毒、真菌、立克次体、衣原体、支原体和寄生虫等。其中以细菌和病毒最常见。由生物性因子引起的炎症又称感染。
（2）物理性因子：机械性创伤、高温、低温、紫外线、放射性物质等。
（3）化学性因子：包括内源性和外源性化学物质。内源性化学物质有组织崩解产物、病理状况下堆积在体内的代谢产物。外源性化学物质有强酸、强碱、腐蚀性物质、毒性物质等。
（4）免疫反应：当机体免疫反应异常时，可引起不适当或过度的反应而造成组织损伤。

【学习小结】

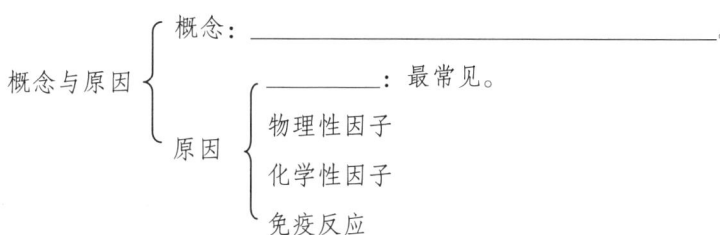

【项目实训】

小组讨论各自对炎症的认识，举例说明常见的炎症实例。

【项目测试】

1．填空题

致炎因子可归纳为_____、_____、_____、_____。

2．单项选择题

（1）炎症的概念是（　　）。
   A．致炎因子诱发的机体血管反应
   B．具有血管系统的活体组织的损伤反应
   C．具有血管系统的活体组织对损伤因子所发生的防御反应
   D．具有血管系统的活体组织发生防御反应
   E．具有血管系统的活体组织对致炎因子反应

（2）最常见的致炎因素是（　　）。
   A．化学性因素　　　　　　　　B．物理性因素
   C．生物性因素　　　　　　　　D．免疫性因素
   E．营养性因素

项目二　炎症的基本病理变化

【学习目标】

（1）能熟练说出炎症的基本病理变化及其各病变特点在炎症区域发挥的作用。

（2）知晓变质的代谢变化特点及其主要表现。

【理论学习】

炎症局部的病理变化包括变质、渗出和增生。急性炎症或炎症早期以变质和渗出为主，慢性炎症和炎症后期以增生为主。变质是损伤过程，而渗出和增生则是抗损伤和修复过程。

一、变　质

变质是炎症局部组织发生的变性和坏死。

1. 形态变化

实质细胞常出现的变质性变化有细胞水肿、脂肪变性、凝固性坏死及液化性坏死等。间质细胞常出现的变质性变化有玻璃样变性、黏液样变性和纤维素样坏死等。

2. 代谢变化

分解代谢增强是炎症组织的代谢特点，可表现为以下两方面。

（1）局部酸中毒：炎症初期组织分解代谢增强使局部耗氧量增加，以后由于血液循环障碍，各种氧化不全的中间代谢产物堆积，炎症部位氢离子浓度升高，出现局部酸中毒。

（2）炎症局部的渗透压升高：炎症局部坏死组织崩解，大分子蛋白物质分解为许多小分子物质，使局部分子浓度增高；加之局部氢离子浓度升高使盐类解离增强，使炎症部位内离子浓度增加。

3. 炎症介质

炎症介质是指炎症过程中参与、介导炎症反应的化学因子。炎症介质生物活性作用强，种类多，可分为外源性（如细菌及其产物）和内源性（来源于细胞和血浆）两大类。主要炎症介质的生物学作用见表4-1。

表4-1　主要炎症介质及其作用

作　用	主要炎症介质
扩张血管	组胺、缓激肽、前列腺素、NO
增加血管壁通透性	组胺、缓激肽、C3a和C5a、白细胞三烯
趋化作用	细胞因子、细菌产物、C5a、阳离子蛋白
发热	IL-1、IL-6、TNF-α、PGE_2
疼痛	缓激肽、PGE_2
组织损伤	氧自由基、溶酶体酶、NO

二、渗　出

炎症局部组织血管内的液体成分、蛋白质和各种炎症细胞通过血管壁进入组织间隙、体腔、黏膜表面和体表的过程称为渗出。渗出是炎症的重要标志，是消除病原因子和有害物质的重要环节。渗出主要包括血流动力学改变、血管通透性增加和血液成分的渗出等三个相互关联的过程。

1. 血流动力学改变

炎症过程中组织受损后很快发生血流动力学改变，表现为血流量和血管口径的变化。按以下顺序发生：① 细动脉短暂收缩；② 血管扩张和血流加速；③ 血流速度减慢。随之小静脉和毛细血管的通透性升高，使血液中富含蛋白质的液体渗出，导致血液浓缩和黏滞度增加，以致血流停滞。此时白细胞边集，与血管内皮细胞黏附，继之游出血管，进入炎症组织内。

2. 血管通透性增加

炎症过程中致炎因子、炎症介质等作用于内皮细胞而使血管通透性增高，导致炎症局部液体和蛋白质液体渗出。主要机制有：①内皮细胞收缩，使内皮细胞间隙扩大；②内皮细胞穿胞通道数量增加和囊泡口径增大，穿胞作用增强；③内皮细胞损伤，而后坏死脱落，使血管通透性增加。

3. 液体渗出

（1）引起液体渗出的原因主要有：① 血管壁通透性增加；② 微循环内流体静压升高；③ 组织渗透压升高。

炎症时渗出的液体称为渗出液。渗出液积聚在组织间隙称为炎性水肿，若聚集于体腔（胸膜腔、腹膜腔、心包腔等）则称为积液。

（2）渗出液的作用。渗出液对机体具有重要的防御作用，主要表现在四个方面：① 渗出液可稀释局部毒素，减轻毒素对组织的损伤；② 为局部带来营养物质，带走炎症区域内的有害物质；③ 渗出液中富含抗体、补体、溶菌物质，有利于杀灭病原体及中和毒素；④ 渗出物中的纤维素交织成网，可阻止病原微生物的扩散，有利于吞噬细胞的吞噬，纤维蛋白网还是炎症后期修复的支架。

若渗出液过多则会给机体带来不利影响，如压迫周围组织或阻塞器官，加重血液循环障碍或影响器官功能；纤维蛋白渗出过多不能完全溶解吸收，会发生机化，造成组织粘连、硬化。

4. 白细胞渗出

（1）白细胞渗出过程：白细胞渗出过程比较复杂，包括白细胞边集、附壁、黏附、游出等阶段，并在趋化因子的作用下向损伤部位聚集。

① 白细胞边集和附壁：随着血流速度减慢，微血管中的白细胞离开血流中轴，到达血管的边缘部，称为白细胞边集。边集的白细胞沿着内皮细胞滚动，随后贴附于管壁，称为白细胞附壁。

② 白细胞黏附：在黏附分子的介导作用下，通过一系列复杂的生物反应过程，附壁的白细胞与血管内皮细胞牢固黏着。

③ 白细胞游出：黏附的白细胞胞浆突起形成伪足，伸入内皮细胞间隙，然后整个白细胞以阿米巴样运动的方式从内皮细胞间缝隙游出。

④ 趋化作用：白细胞游出血管后，受某些化学物质的吸引或排斥，沿着组织间隙向着或背离某些化学物质所在的部位做定向移动的现象称为趋化作用。能影响白细胞做定向移动的物质称为趋化因子。

（2）白细胞在炎症局部的作用：游出的白细胞在炎症局部可发挥吞噬作用、免疫作用和组织损伤作用。

① 吞噬作用：指炎症灶内的白细胞对病原体和组织碎片进行识别、吞入、杀伤和降解的过程。吞噬作用是炎症防御反应中最重要的环节。发挥吞噬作用的细胞主要为中性粒细胞和巨噬细胞。通过白细胞的吞噬作用，绝大多数病原体可以被杀灭和降解，但少数病原体，如结核杆菌可在白细胞内长期存活，当机体抵抗力降低时，这些细菌可以生长繁殖，并可随吞噬细胞的游走而在体内播散。

② 免疫作用：发挥免疫作用的细胞主要为淋巴细胞、单核细胞、浆细胞。抗原进入机体后，巨噬细胞将其吞噬处理，再把抗原递呈给 T 淋巴细胞和 B 淋巴细胞，免疫活化的淋巴细胞分别产生淋巴因子或抗体，从而发挥杀伤病原体的作用。

③ 组织损伤作用：白细胞在化学趋化、激活和吞噬过程中可向吞噬溶酶体内释放蛋白水解酶、化学介质和毒性氧自由基等。这些化学物质可引起内皮细胞和组织损伤，加重原始致炎因子的损伤作用并因此延长炎症过程。

5. 炎细胞的种类和功能

常见的炎细胞有以下几种。

（1）中性粒细胞：中性粒细胞来自于血液，具有活跃的游走能力和较强的吞噬能力，可吞噬多种细菌、坏死组织碎片及抗原抗体复合物。胞核分叶状，胞浆粉染。常见于急性炎症、炎症的早期及化脓性炎症。

（2）单核巨噬细胞：单核巨噬细胞既可来自于血液中的单核细胞，也可来自于局部组织细胞，具有较强大的吞噬能力，能吞噬中性粒细胞不能吞噬的病原体、异物及较大的坏死组织碎片。胞体大，胞浆丰富，核呈肾形、马蹄形或椭圆形，常偏于一侧，出现于急性炎症后期、慢性炎症、非化脓性炎症、病毒感染和寄生虫感染等。

（3）嗜酸性粒细胞：其运动能力弱，有一定的吞噬能力，常吞噬抗原抗体复合物；胞浆粉染，胞浆内可见粗大的嗜酸性颗粒，核呈分叶状；常见于寄生虫感染和某些变态反应性疾病。

（4）淋巴细胞和浆细胞：胞体呈卵圆形，核圆形，位于胞体一侧，染色质呈辐轮状排列，胞浆丰富。淋巴细胞无吞噬能力，主要发挥细胞免疫作用。B 淋巴细胞在抗原的刺激下可转化为浆细胞，浆细胞能产生各种抗体，参与体液免疫反应。淋巴细胞和浆细胞多见于病毒感染和慢性炎症。在某些肿瘤间质也可见到淋巴细胞。

（5）嗜碱性粒细胞：胞质内含有粗大的嗜碱性颗粒，当受到炎症刺激时，细胞脱颗粒，释放组胺、肝素等炎症介质，引起炎症反应。常见于变态反应性炎症。

三、增 生

在致炎因子、组织崩解产物或某些理化因子的刺激下，炎症局部细胞增殖，数目增多，称为增生。增生包括实质细胞和间质细胞的增生。增生是机体在炎症过程中的重要防御反应，如增生的巨噬细胞可以吞噬病原体和组织崩解产物；增生的肥大细胞和由淋巴细胞转化而来的浆细胞等，可以产生炎症介质和分泌多种抗体；增生的成纤维细胞、血管内皮细胞及局部浸润的炎细胞共同构成肉芽组织，可以限制炎症的蔓延，使受损组织得以修复。过度的增生会对组织器官造成损害，影响其功能。

【学习小结】

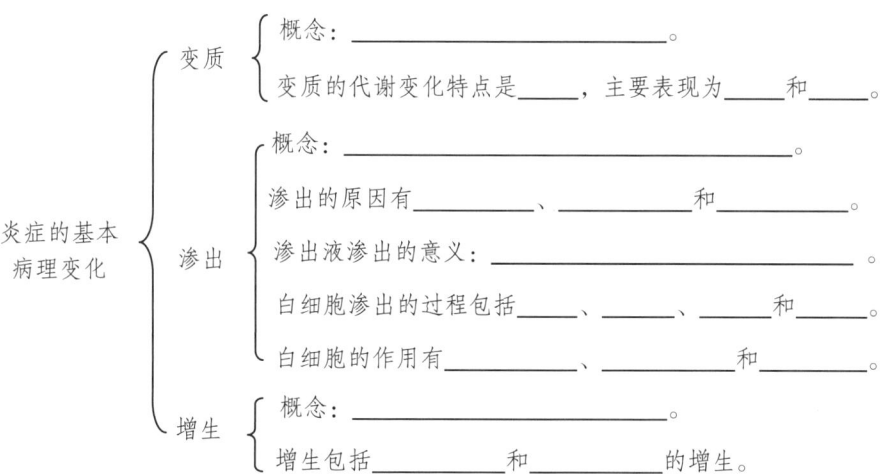

【项目实训】

（1）小组讨论变质与渗出、增生的关系。
（2）说出手指受伤时的表现，并能用病理学知识解释。

【项目测试】

1. 填空题

（1）炎症局部的基本病变为_____、_____、_____。
（2）白细胞在炎症灶内的吞噬过程包括_____、_____和_____。

2. 单项选择题

（1）炎症的变质是指病灶局部实质细胞发生（　　）。
　　A. 增生和变性　　　　　　　　B. 萎缩和坏死
　　C. 增生和坏死　　　　　　　　D. 变性和坏死
　　E. 萎缩和变性

（2）下列哪项不是引起炎性渗出的因素（　　）。
　　A. 毛细血管内流体静压升高　　B. 血浆胶体渗透压升高
　　C. 组织胶体渗透压升高　　　　D. 血浆胶体渗透压降低
　　E. 毛细血管壁通透性升高

项目三　炎症的局部表现和全身反应

【学习目标】

（1）能够说出炎症的局部表现和全身反应。
（2）能够运用病理学知识解释炎症的临床表现。

【理论学习】

一、局部表现

炎症局部的表现以体表的急性炎症最为明显，表现为红、肿、热、痛和功能障碍。

1. 红

主要是由局部充血所致。炎症初期由于动脉性充血，炎症局部血液中氧合血红蛋白增多，呈鲜红色。以后随着炎症的发展，出现静脉性充血，局部血液中的还原血红蛋白增多，呈暗红色。

2. 肿

急性炎症时，局部肿胀主要是由于局部充血、炎性渗出物聚集所致。慢性炎症时，局部肿胀主要与局部组织细胞增生有关。

3. 热

热是指炎症局部组织的温度升高。这是由于炎症局部动脉性充血，血流速度增快，血流量增多，局部组织分解代谢增强，产热增多所致。

4. 痛

炎症局部疼痛是由多种原因引起的：① 炎症组织内前列腺素、缓激肽、5-羟色胺等炎症介质的致痛作用；② 炎性渗出物聚集使炎症灶内张力升高，压迫或牵拉神经末梢引起疼痛；③ 炎症局部分解代谢增强，钾离子、氢离子浓度升高，刺激神经末梢引起疼痛。

5. 功能障碍

炎症时局部组织器官的实质细胞变性坏死、代谢异常、炎性渗出引起的压迫或阻塞以及疼痛引起的保护性反应都可导致炎症局部组织和器官的功能障碍。

二、全身反应

致炎因子主要作用于局部，引起局部炎症性病变，但局部和全身是一个有机的整体，局部和全身通过神经和体液因素紧密地联系在一起。局部的病变既受机体整体的影响，同时又可影响到全身。炎症时，常见的全身反应有：

1. 发 热

发热主要见于病原微生物感染。病原微生物可作为外源性致热原，其进入机体后，可促使中性粒细胞、单核巨噬细胞、嗜酸性粒细胞等释放内源性致热原，内源性致热原作用于体温调节中枢，引起发热。一定程度的发热能使机体代谢增强，促进抗体形成，促进单核巨噬细胞系统的吞噬功能，并能增强肝脏的解毒功能，因而具有一定的防御意义。但高热或持久的发热，可引起各系统、特别是中枢神经系统功能紊乱，从而给机体带来危害。临床上，若患者炎症病变严重，此时机体体温并不升高反而降低，提示机体抵抗力低下，患者预后不良。

2. 白细胞计数的变化

炎症时，造血系统受致炎因子等刺激，生成并释放白细胞增多，从而使外周血液中白细胞数量增多。白细胞计数增加是炎症反应的常见表现。各种感染引起的急性炎症，白细胞计数常可达 $15 \times 10^9 \sim 20 \times 10^9/L$，严重者可达 $30 \times 10^9/L$ 以上。血液中增多的白细胞类型与感染病原体的种类有关。急性化脓性炎症时，血液中增多的白细胞主要为中性粒细胞；慢性肉芽肿性炎症时以巨噬细胞增多为主；病毒感染时，以淋巴细胞增多为主；变态反应性炎症和寄生虫感染时，则以嗜酸性粒细胞增多为主。在某些炎症中，如伤寒、流感等，血白细胞计数常减少。外周血中白细胞增多的程度与机体的抵抗力和感染的严重程度有关。严重感染时，外周血中幼稚的中性粒细胞增多（超过 5%），此种现象称为白细胞核左移。机体抵抗力严重低下，感染严重时，白细胞增加不明显，甚至减少。

临床上，进行白细胞计数和分类检查对于病因诊断及病情和预后的判断具有重要的意义。

3. 单核巨噬细胞系统增生

炎症病灶中的病原体、组织崩解产物，可经过淋巴管到达全身单核巨噬细胞系统，促使单核巨噬细胞系统的细胞增生，吞噬功能增强。临床表现为肝、脾、局部淋巴结肿大。

4. 实质器官的改变

炎症严重时，由于病原微生物及其毒素的作用，以及局部血液循环障碍、发热等因素的影响，心、肝、肾等器官的实质细胞也可发生不同程度的变性，甚至坏死，造成这些器官的功能障碍。

【学习小结】

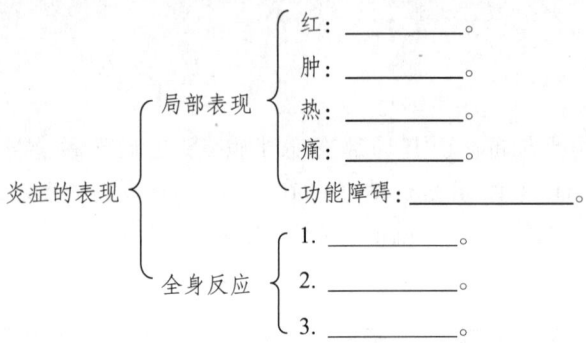

炎症的表现
- 局部表现
  - 红：_____。
  - 肿：_____。
  - 热：_____。
  - 痛：_____。
  - 功能障碍：_____。
- 全身反应
  1. _____。
  2. _____。
  3. _____。

【项目实训】

案例分析：

患者，男，23岁，因发热伴右上肢疼痛加剧入院，精神萎靡，食欲减退，10余天前右上肢内侧红肿、疼痛、活动受限，并伴头痛、头昏，逐渐加重。体格检查：体温39.2 ℃，脉搏108次/min，消瘦，右上膊内侧有一2 cm×3 cm的红肿区，略隆起、触之有波动感，体表发热，压痛明显，同侧腋窝淋巴结肿大，触之有疼痛感。化验检查：白细胞计数 13.2×10^9/L，中性粒细胞85%，杆状核细胞4%，淋巴细胞14%，单核细胞1%。入院后手术切开排出黄色脓液约15 mL，并给予抗生素治疗，数日后病愈出院。

问题：

（1）你认为患者的哪些表现是异常的？

（2）请你给患者做出诊断。

【项目测试】

1. 填空题

炎症的局部临床表现为_____、_____、_____、_____和_____。

2. 单项选择题

（1）炎症全身反应包括（ ）。

    A. 发热   B. 血白细胞变化

  C. 单核巨噬细胞系统增生　　　　D. 实质器官病变
  E. 以上都是
（2）炎症局部肿胀的原因包括（　　）。
  A. 炎性水肿　　　　　　　　　　B. 充血
  C. 炎细胞浸润　　　　　　　　　D. 组织细胞增生
  E. 以上都是

项目四　炎症的类型

【学习目标】

能准确描述各类型炎症的特点。

【理论学习】

任何炎症局部组织都存在变质、渗出和增生三种基本病理变化。但由于致炎因子、机体反应性、炎症部位和发展阶段的不同，不同的炎症以及炎症的不同发展阶段，炎症的病变也不尽相同。根据炎症局部变质、渗出和增生哪一种病变占优势，将炎症概括地分为变质性炎、渗出性炎和增生性炎三大类型。

一、变质性炎

变质性炎是指局部病变以组织细胞的变性、坏死为主，而渗出和增生性变化相对较轻的炎症。变质性炎常见于心、肝、肾、脑等实质性器官。如急性重型肝炎主要病变为肝细胞广泛坏死；流行性乙型脑炎主要病变为神经细胞的变性、坏死及脑软化灶形成；白喉外毒素引起的中毒性心肌炎可表现为心肌细胞变性、坏死，导致严重的心脏功能障碍等。

二、渗出性炎

渗出性炎是指以炎症灶内形成大量渗出物为特征的炎症。根据渗出物的主要成分和病变特点，一般将渗出性炎分为以下几种类型：

1. 浆液性炎

浆液性炎是指以浆液渗出为主的炎症。渗出物主要为白蛋白，其中混有少量的纤维蛋白、中性粒细胞和脱落的上皮细胞，常发生于皮肤、黏膜、浆膜和疏松结缔组织等处。

2. 纤维素性炎

纤维素性炎是以渗出物中含有大量纤维素为特征的炎症。常发生于黏膜、浆膜和肺。

（1）黏膜的纤维素性炎：常见于肠、咽、喉、气管，如细菌性痢疾，渗出的纤维素、白细胞、坏死的黏膜组织和病原菌等共同形成膜状物（假膜）覆盖于黏膜表面，故又称假膜性炎。镜下，结肠黏膜表层坏死，有白细胞和纤维素性渗出物。

（2）浆膜的纤维素性炎：病变呈浆液性或浆液纤维素性炎，常见于胸膜、腹膜和心包膜，如结核性胸膜炎、风湿性心外膜炎。风湿性心外膜炎时，在心脏搏动的影响下，心包的脏层和壁层心包膜相互摩擦，使渗出在心包腔脏层和壁层腔面的纤维素呈绒毛状，称为"绒毛心"。

（3）肺的纤维素性炎：常见于大叶性肺炎。在大叶性肺炎的红色肝样变期和灰色肝样变期，肺泡腔内大量纤维素渗出，可导致肺实变。

3. 化脓性炎

化脓性炎是以中性粒细胞渗出为主，并伴有不同程度的组织坏死和脓液形成为其特征的炎症，多由葡萄球菌、链球菌、脑膜炎双球菌、大肠杆菌、绿脓杆菌等化脓菌引起。脓液是一种浑浊的凝乳状液体，呈灰黄色或灰绿色。脓液中含有大量渗出的中性粒细胞和脓细胞（变性坏死的中性粒细胞）以及溶解液化的坏死组织、细菌和少量的浆液等。化脓性炎根据病因和发生部位不同，可分为表面化脓和积脓、脓肿、蜂窝织炎三类。

（1）表面化脓和积脓：指发生于黏膜或浆膜表面的化脓性炎。其特点为黏膜或浆膜表面有脓液覆盖，深部组织没有明显的炎性细胞浸润。脓性渗出物覆盖于器官表面称为表面化脓；若脓性渗出物不能排出，在浆膜腔或管腔内蓄积，称为积脓。如急性胆囊炎镜下可见胆囊黏膜及黏膜下层可见渗出的中性粒细胞。

（2）脓肿：器官或组织内的局限性化脓性炎症称为脓肿。其主要特征为局部组织坏死、溶解，形成含有脓液的腔。脓肿可发生于皮下和内脏，常由金黄色葡萄球菌感染引起，该菌可产生血浆凝固酶，使渗出的纤维蛋白原转变为纤维素，渗出的纤维素交织成网，有阻止病原菌扩散的作用，因而脓肿病变较局限。

小的脓肿，如病原菌被消灭，脓液可通过吸收而自行消退；较大的脓肿，脓液吸收困难，常需切开排脓或穿刺抽脓，后由肉芽组织修复，形成瘢痕；深部脓肿如向体表或自然管道溃破形成只有一个开口的病理性盲管为窦道，如形成连接体外与空腔器官之间或两个空腔器官之间的有两个以上开口的病理性管道则为瘘管。

（3）蜂窝织炎：指疏松结缔组织中的弥漫性化脓性炎症，常见于皮下组织、肌肉和阑尾等处。致病菌主要为溶血性链球菌，该菌既能分泌透明质酸酶，分解组织中的透明质酸，又能产生链激酶，溶解纤维素。如急性蜂窝织阑尾炎，阑尾的黏膜层、黏膜下层、肌层和浆膜层均有不同程度的充血和水肿，以及大量中性粒细胞浸润。

4. 出血性炎

炎症灶内血管壁损伤严重，红细胞大量漏出，导致渗出物中含有大量的红细胞，此种类型的炎症称为出血性炎。常见于流行性出血热、钩端螺旋体病和鼠疫等。

三、增生性炎

增生性炎的局部病变以增生为主,变质和渗出较轻,多呈慢性经过。根据病因和病变特点的不同,增生性炎一般可分为非特异性增生性炎和肉芽肿性炎两类。

1. 非特异性增生性炎

主要特点表现为:① 成纤维细胞、血管内皮细胞增生;② 炎症局部实质细胞、被覆上皮细胞和腺上皮细胞的增生;③ 炎症灶内浸润的炎细胞主要为淋巴细胞、巨噬细胞和浆细胞。发生在某些部位的非特异性炎,有时可形成具有一定形态特征的改变。

(1) 炎性息肉:指在致炎因子的长期作用下,局部黏膜上皮和腺体及肉芽组织增生而形成的突出于黏膜表面的带蒂的肿块,常见于鼻黏膜、宫颈黏膜和结肠黏膜。

(2) 炎性假瘤:指炎症局部组织增生而形成的境界清楚的、肉眼观及 X 线等辅助检查均似肿瘤的结节状团块。炎性假瘤常发生于眼眶和肺。组织学上,炎性假瘤由肉芽组织、炎细胞、增生的实质细胞及纤维组织构成,增生的细胞无异型性。临床上应注意炎性假瘤与真性肿瘤的鉴别。

2. 肉芽肿性炎

由巨噬细胞及其演化的细胞局部浸润增生形成的境界清楚的结节状病灶,称为肉芽肿。以肉芽肿形成为特点的炎症称为肉芽肿性炎。根据致炎因子的不同,肉芽肿性炎可分为感染性肉芽肿和异物性肉芽肿两大类。

(1) 感染性肉芽肿:由各种病原体感染引起,常见的有结核性肉芽肿(结核结节)、伤寒性肉芽肿(伤寒小结)。

(2) 异物性肉芽肿:此种肉芽肿是由进入组织内的外科缝线、石棉、粉尘、滑石粉等异物引起。病变以异物为中心,周围围绕数量不等的巨噬细胞、多核巨细胞、成纤维细胞和淋巴细胞等,呈结节状。在肉芽肿中心以及巨噬细胞或多核巨细胞的胞浆内,常可找到不能被消化的异物。

【学习小结】

类 型		特 点
变质性炎		
渗出性炎	浆液性炎	
	纤维素性炎	
	化脓性炎	
	出血性炎	
增生性炎	非特异性增生性炎	
	肉芽肿性炎	

【项目实训】

小组讨论：
（1）民间俗称的"红眼病"是不是炎症？属于何种类型的炎症？
（2）脓肿和蜂窝织炎同属于化脓性炎症，你能说出二者有哪些不同？

【项目测试】

1. 填空题
（1）假膜性炎常见于_____和_____等传染病。
（2）化脓性炎症包括_____、_____及_____三种。

2. 单项选择题
（1）金黄色葡萄球菌感染常引起（　　）。
　　A. 蜂窝织炎　　　　　　　　B. 脓肿
　　C. 出血性炎　　　　　　　　D. 浆液性炎
　　E. 纤维素性炎
（2）溶血性链球菌感染常引起（　　）。
　　A. 浆液性炎　　　　　　　　B. 假膜性炎
　　C. 出血性炎　　　　　　　　D. 蜂窝织炎
　　E. 脓肿
（3）有一小孩左前臂不慎烫伤，局部红、肿、热、痛，随之出现水泡，则属于哪种炎症？（　　）
　　A. 浆液性炎　　　　　　　　B. 浆液纤维素性炎
　　C. 纤维素性炎　　　　　　　D. 出血性炎
　　E. 急性化脓性炎
（4）有一病人，两天前突然感冒发热寒战，呼吸困难，今天咳嗽，痰为红色带铁锈样外观，叩诊肺有一大叶实变，该病人病变性质可能为何种病变？（　　）
　　A. 化脓性炎　　　　　　　　B. 浆液性炎
　　C. 出血性炎　　　　　　　　D. 纤维素性炎
　　E. 肺脓肿
（5）有一病人尸检发现脑膜充血、水肿，在脑及蛛网膜下腔内见到黄白色脓样渗出物，此脑病变属于何种病变？（　　）
　　A. 脑脓肿　　　　　　　　　B. 化脓性脑膜炎
　　C. 结核性脑膜炎　　　　　　D. 浆液性脑膜炎
　　E. 乙型脑炎
（6）类上皮细胞来源于（　　）。
　　A. 成纤维细胞　　　　　　　B. 中性粒细胞

C. 巨噬细胞 D. 浆细胞
E. 淋巴细胞

项目五　炎症的转归

【学习目标】

（1）说出炎症可能出现的结局。
（2）准确区分菌血症、毒血症、败血症和脓毒败血症。

【理论学习】

炎症的发生与发展过程受致炎因子的性质和数量、机体状况、炎症局部的血液循环状态以及防治措施是否及时正确等因素的影响，炎症可有不同的结局。

一、痊愈

炎症病因被消除，炎症灶内的坏死组织及渗出物被溶解吸收或排出体外，病灶周围同种细胞再生修复，病变组织的形态结构和功能完全恢复正常，称为痊愈。若坏死灶较大，渗出物较多，则由肉芽组织增生取代，使局部形成瘢痕或纤维粘连。

二、迁延不愈

由于机体抵抗力低下、治疗不及时或不彻底，致炎因子在机体内持续存在或反复作用等因素，某些急性炎症可迁延不愈，转为慢性，病情时轻时重。如急性肝炎转变为慢性肝炎，急性肾炎转变为慢性肾炎。

三、蔓延扩散

在机体抵抗力低下，感染的病原微生物数量多、毒力强，又未得到及时有效的治疗，病原微生物不断繁殖并沿组织间隙向周围蔓延，或侵入淋巴管、血管向全身扩散。

1. 局部蔓延

炎症局部的病原体经组织间隙或器官的自然管道向周围组织、器官扩散。如肾结核可沿泌尿道向下扩散，引起输尿管结核、膀胱结核；上呼吸道感染可引起支气管肺炎。

2. 淋巴道扩散

炎症灶内的病原体侵入淋巴管内，随淋巴液到达局部淋巴结，引起继发性淋巴管炎和淋巴结炎。如上肢感染可引起腋窝淋巴结炎，肺结核原发灶的结核杆菌经淋巴管引起肺门淋巴结结核。

3. 血道扩散

病原体从炎症灶侵入血液，或其毒素、毒性产物入血，引起菌血症、毒血症、败血症和脓毒败血症。

（1）菌血症：炎症灶内的细菌入血，血细菌培养阳性，但无全身中毒症状。

（2）毒血症：细菌的毒素或其他毒性代谢产物吸收入血，引起全身中毒症状，但血培养找不到细菌。

（3）败血症：细菌由炎症灶入血后，大量繁殖并产生毒素，引起全身中毒症状和病理变化，血细菌培养阳性。

（4）脓毒败血症：化脓菌引起的败血症进一步发展成为脓毒败血症。此时除有败血症的表现外，可在全身一些脏器中出现多发性小脓肿。

【学习小结】

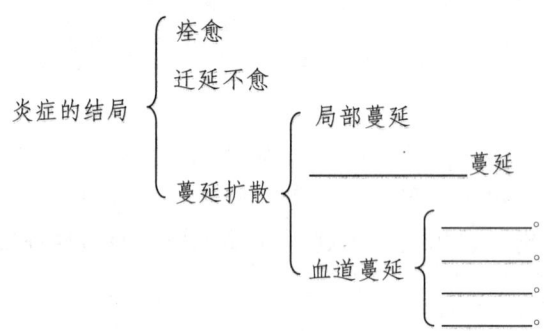

【项目实训】

（1）小组讨论毒血症、菌血症、败血症和脓毒败血症的不同。

（2）案例分析：

患者，女性，19岁，鼻部疖受挤压后，出现头痛、高热、昏迷、眼部红肿。问题：首先要考虑的是什么？

【项目测试】

1. 填空题

炎症的蔓延扩散包括_____、_____、_____。

2. 单项选择题

患者，女，15岁，两天前受凉后出现头痛、发热症状。今天出现寒战、高热、皮肤出血点，前来就诊。血培养检出葡萄球菌。此病人为（　　　）。

A. 脓毒败血症 　　　　　　　　　　B. 败血症

C. 毒血症 　　　　　　　　　　　　D. 菌血症

E. 以上都不对

学习效果分析

内容	优秀	良好	一般	需要加油
	≥90%	80%～89%	60%～79%	<60%
项目测试				
项目实践				
自我反思				

第五章 肿 瘤

项目一 概 述

【学习目标】

(1) 能够熟练描述肿瘤的概念。
(2) 能够准确区分肿瘤性增生与非肿瘤性增生。
(3) 知道肿瘤的病因及发病机制。

【理论学习】

肿瘤是一种常见病、多发病。临床上肿瘤的种类繁多，按生物学特性和对机体危害性的不同，将其分为良性肿瘤和恶性肿瘤两大类。其中，恶性肿瘤是危害人类健康和生命最严重的一类疾病，我国重点防治的恶性肿瘤有胃癌、肝癌、肺癌、食道癌、大肠癌、白血病、恶性淋巴瘤、子宫颈癌、鼻咽癌和乳腺癌等。

一、肿瘤的概念

肿瘤是机体在各种致瘤因素作用下，局部组织的细胞在基因水平上丢失对其生长的正常调控，导致异常增生而形成的新生物，常表现为局部肿块。

肿瘤增生不同于机体在生理状态下以及炎症、损伤与修复等病理状态的非肿瘤增生，二者有着本质的区别，各自具体的特征见表5-1。

表5-1 肿瘤性增生与非肿瘤性增生的特征

项 目	肿瘤性增生	非肿瘤性增生
原 因	致瘤因子作用下细胞基因水平的调控异常	生理的、病理的、损伤修复或炎症性符合需要的增生
增生的特点	病因去除后，持续性增生，细胞生长旺盛，相对无限制生长	病因去除后，增生停止，细胞为有限增生
增生的结果	细胞分化程度不成熟，形成的形态、结构与正常的存有不同程度的差异	细胞分化成熟，形成的形态、结构与正常的无差异

二、肿瘤的原因

1. 环境致瘤因素

（1）化学致瘤因素：① 多环芳烃，如来自石油、煤焦油、烟草燃烧的废气、烟雾及烟熏烧烤的鱼、肉食品，与肺癌、胃癌等的发生有关。② 芳香胺类，如乙萘胺、苯萘胺等工业用品和原料，与膀胱癌、肝癌的发生有关。③ 亚硝胺类化合物，在变质的蔬菜和食物中亚硝胺盐含量很高，鱼、肉制品的保鲜剂和着色剂的主要成分也是亚硝铵盐，与胃肠道癌发生有关。④ 真菌毒素，以黄曲霉毒素 B_1 致癌作用最强，与肝癌的发生有关，黄曲霉毒素广泛存在于霉变的食物中。⑤ 氯乙烯，塑料厂工人和职业性接触氯乙烯者，肝血管肉瘤、肺癌、白血病等发病率较高。

（2）物理性因素：① 电离辐射，长期接触 X 射线、γ 射线及镭、铀、氡等放射性核素可引起皮肤癌、白血病和肺癌等。② 紫外线，长期过度紫外线照射易发生皮肤癌。

（3）生物性致癌因素：主要是由病毒引起的。乙型肝炎病毒（HBV）与肝细胞癌的发生密切相关。EB 病毒与鼻咽癌发生有密切关系。此外发现，幽门螺旋杆菌感染与胃的黏膜相关淋巴组织发生的淋巴瘤密切相关，幽门螺旋杆菌胃炎，特别是局限于胃窦与幽门部的时候，与一些胃腺癌的发生也有关系。

2. 肿瘤发生的内在因素

（1）遗传因素：一些肿瘤有家庭聚集倾向，如乳腺癌、胃癌、大肠癌等。

（2）免疫因素：肿瘤的发生、发展、疗效及预后与机体的免疫状态呈正相关。免疫功能低下者，如先天性免疫缺陷病患者和接受免疫治疗的病人，恶性肿瘤的发病率明显增加。

（3）种族因素：某些肿瘤的发生有明显的种族差异。如乳腺癌多见于欧美等国，胃癌多见于日本、冰岛等，鼻咽癌多见于我国广东。这可能与不同的地理环境、饮食、生活习惯、遗传等多种因素的影响有关。

三、肿瘤的发生机制

肿瘤的发生是一个极其复杂的过程。随着分子生物学的发展，从分子水平上对肿瘤发生机制的研究取得了一定的进展。

1. 原癌基因的激活

在正常细胞基因组中存在与病毒癌基因十分相似的 DNA 序列，称为原癌基因。原癌基因正常时并不导致肿瘤，当其发生某些异常时，能使细胞发生恶性转化，则称为细胞癌基因。原癌基因转变为细胞癌基因的过程，称为原癌基因的激活。原癌基因的激活方式有点突变、基因扩增、染色体易位等。

2. 肿瘤抑制基因的失活

肿瘤抑制基因本身也是在细胞生长与增殖的调控中起重要作用的基因，如 Rb、p53 基因。这些基因的产物限制细胞生长，但若其功能丧失可导致细胞发生肿瘤性转化。

【学习小结】

肿瘤 { 概念：_____。
       肿瘤性增生的特征：_____。
       原因、发生机制。

【项目实训】

（1）小组讨论：肿瘤性增生与非肿瘤性增生的区别，举例说明。

（2）案例分析：

患者，男，56 岁，修路工人，因"颈部扪及包块一个月"来院就诊。一个月前，家人发现其右侧颈部稍隆起，扪之有蚕豆大小的结节，质地较硬，无红、热现象，无压痛，未引起足够重视。一个月中结节逐渐长大至 3 cm×3 cm。

请问：

① 可以做何种检查以确定诊断？

② 患者左颈部可能发生哪些性质的变化？

【项目测试】

1. 填空题

肿瘤是指_____。

2. 单项选择题

（1）下列哪一项不符合肿瘤性生长？（   ）

    A. 常形成肿块　　　　　　　　B. 生长旺盛

    C. 相对无限制性生长　　　　　D. 增生过程中需致瘤因素持续存在

    E. 细胞分化成熟能力降低

（2）瘤性增生与炎性增生的根本区别是（   ）。

    A. 有炎细胞浸润　　　　　　　B. 有核分裂象

    C. 生长速度快　　　　　　　　D. 有肿块形成

    E. 细胞不同程度地失去了分化成熟的能力

项目二　肿瘤的特征

【学习目标】

（1）能够熟练描述肿瘤异型性的概念。
（2）能够说出肿瘤的特征（形态、异型性、生长、扩散及对机体的影响）。
（3）能够通过肿瘤的病理变化特点判断肿瘤的异型性及其良恶性。

【理论学习】

一、肿瘤的形态

1. 大体形态

大体形态是初步判断肿瘤起源组织和性质的重要依据。

（1）形状：肿瘤的形态多种多样，与起源组织、生长部位、生长方式和良恶性等有关，如乳头状、息肉状、结节状、分叶状、浸润性、溃疡状等。

（2）大小：肿瘤的大小体积差异比较大，主要与生长时间、生长部位及良恶性等有关。

（3）数目：肿瘤可以只有一个，也可以同时或先后发生多个原发肿瘤，如子宫平滑肌瘤、多发性皮下脂肪瘤。

（4）颜色：肿瘤的颜色多近似于起源组织的颜色，由组成肿瘤的组织、细胞及其产物的颜色决定。比如，纤维组织的肿瘤，切面多呈灰白色；脂肪瘤呈黄色；血管瘤常呈红色。有些肿瘤产生色素，如黑色素瘤细胞产生黑色素，可使肿瘤呈黑色。

（5）质地：不同肿瘤可有不同的质地，多由肿瘤的组织来源、实质与间质比例以及有无继发性改变等决定。例如，脂肪肿瘤一般比较软；乳腺癌肿瘤的质地比较硬；继发骨化或钙化的肿瘤质地变硬，继发坏死的肿瘤质地变软。

2. 组织结构

任何肿瘤在显微镜下，组织结构都表现为实质和间质两个部分。肿瘤的组织结构形态研究，是肿瘤病理学的重要内容，是进行肿瘤病理诊断的基础。

（1）肿瘤的实质：主要指肿瘤细胞，是肿瘤的主要成分，决定肿瘤的性质。肿瘤的实质是识别肿瘤的组织起源、判断肿瘤的良恶性以及分化程度的形态学依据。

（2）肿瘤的间质：由血管、淋巴管和结缔组织组成，是肿瘤的次要成分，分别对肿瘤起着营养、免疫、填充和支持肿瘤实质的作用。一般生长速度快的肿瘤，间质中血管较多，纤维较少；生长速度慢的肿瘤，间质中血管较少，纤维较多。肿瘤间质无神经分布,临床上要高度警惕"无痛性肿块"。

二、肿瘤的异型性

1. 肿瘤的分化和异型性的概念

(1)分化程度:机体的细胞和组织从幼稚生长发育到成熟的过程称为分化。肿瘤细胞在形态上与其起源的正常细胞的相似程度称为肿瘤细胞的分化程度。

(2)肿瘤异型性:肿瘤组织在生长过程中,表现出与肿瘤组织在细胞形态和组织结构上与其起源的正常组织有不同程度的差异,这种差异称为异型性。

因此,分化程度的高低决定肿瘤异型性的大小,肿瘤异型性的大小反应肿瘤分化程度的高低。肿瘤的异型性越小,说明其分化程度越高,恶性程度越低;肿瘤的异型性越大,说明其分化程度越低,恶性程度越高。肿瘤的异型性能够反映肿瘤组织分化成熟的程度,是诊断肿瘤、鉴别肿瘤良恶性的主要组织学依据。

2. 肿瘤的异型性表现

肿瘤的异型性有两个方面:瘤细胞的异型性和组织结构的异型性。

(1)肿瘤的细胞异型性有以下表现:良性肿瘤的瘤细胞异型性很小,如纤维瘤,瘤细胞核与正常纤维细胞很相似。恶性肿瘤的瘤细胞异型性较大,异型性越大,恶性程度就越高。一般恶性肿瘤瘤细胞的异型性表现如下:① 瘤细胞的多形性,大多数恶性肿瘤,瘤细胞较正常细胞大,且大小不等、形态不一,可呈圆形、椭圆形、蝌蚪形、不规则形等,有时出现瘤巨细胞。② 瘤细胞核的多形性,细胞核体积明显增大,核浆比增大(正常细胞 1:4~1:6,恶性肿瘤细胞 1:1),细胞核大小不一,形态各异,可出现双核、多核、巨核或奇形核瘤细胞;核深染,核膜增厚,核仁大且数目增多;核分裂象多见,可见病理性核分裂象。③ 胞浆呈嗜碱性。

(2)肿瘤组织结构的异型性。

组织结构的异型性指肿瘤组织在空间排列上与其起源组织的差异。良性肿瘤的异型性小,恶性肿瘤的异型性大。如纤维瘤,其组织排列呈编织状;腺癌,腺上皮形成大小不等、形状不规则的腺体或腺样结构,甚至无腺腔而呈实心条索状的癌细胞。

三、肿瘤的生长

1. 肿瘤的生长速度

肿瘤的生长速度与肿瘤细胞的分化程度、肿瘤的血液供应以及机体的免疫反应有关。成熟程度高、分化好的良性肿瘤生长缓慢;成熟程度低、分化差的恶性肿瘤生长较快。如果良性肿瘤迅速增大,要考虑肿瘤发生恶变的可能。

2. 肿瘤的生长方式

肿瘤的生长方式主要有膨胀性生长、浸润性生长和外生性生长三种,具体区别见表5-2。

表 5-2 肿瘤生长方式的比较

生长方式	膨胀性生长	浸润性生长	外生性生长
常见肿瘤类型	良性肿瘤	恶性肿瘤	多为良性,少数恶性
分化程度	好	差	
对周围组织影响	挤压,不浸润破坏	浸润破坏	良:不浸润破坏 恶:浸润破坏
包膜与界限	有包膜,界限清楚,气球样生长	无包膜,界限不清,树根样生长	
活动度	较大	较小	较大
生长速度	缓慢	多较快	多较慢
手术及预后	易切除,不易复发	不易切除,易复发	

四、肿瘤的扩散

扩散是恶性肿瘤的特征之一,其方式有直接蔓延和转移两种。

1. 直接蔓延

瘤细胞沿组织间隙、血管、淋巴管、神经束衣等不断的侵袭、破坏邻近组织、器官,并继续生长,如晚期宫颈癌可直接蔓延到直肠和膀胱,乳腺癌可直接蔓延至胸大肌。

2. 转 移

瘤细胞侵入血管、淋巴管或体腔,迁徙到他处继续生长,形成与原发瘤同样类型的肿瘤,形成的肿瘤称为转移瘤。常见的转移途径有:

(1)淋巴道转移:是癌的常见转移途径。癌细胞侵入淋巴管,随淋巴液到达引流区的局部淋巴结,继续在淋巴结内生长,形成淋巴结内转移癌,如乳腺癌首先转移到同侧腋窝淋巴结。瘤细胞还可以继续随淋巴液转移到其他远隔处的淋巴结,最后经胸导管入血而发生血道转移。

(2)血道转移:肉瘤的常见转移途径。瘤细胞多经毛细血管和小血管侵入血流,随血流到达远隔处的组织和器官,在组织和器官内继续生长形成转移瘤。经血道转移的瘤细胞运行途径与血流方向一致,故最常转移至肺,其次是肝。

(3)种植性转移:体腔内器官的恶性肿瘤浸润至器官表面时,瘤细胞可脱离,像播种一样种植在体腔内其他器官表面,并继续生长,形成多个转移瘤。种植性转移常见于腹腔器官的恶性肿瘤。

五、肿瘤对机体的影响

肿瘤对机体的影响与肿瘤的性质、生长时间和发生部位有关。

1. 良性肿瘤对机体的影响

良性肿瘤分化较成熟,生长缓慢,无浸润和转移,对机体的影响较小,主要为局部压迫和阻塞。

2. 恶性肿瘤对机体的影响　恶性肿瘤分化较差，生长迅速，浸润并破坏周围组织、器官，可发生转移。恶性肿瘤对机体的影响除局部阻塞和压迫外，还可有如下影响：

（1）破坏组织器官的结构和功能：如骨肉瘤破坏骨质，引起病理性骨折；肝癌破坏肝组织，引起肝功能障碍。

（2）出血和感染：恶性肿瘤侵袭血管可引起出血。

（3）疼痛：恶性肿瘤可压迫或侵犯神经，引起相应部位的疼痛。

（4）发热：肿瘤代谢产物、坏死分解物或继发感染等毒性产物被吸收所引起。

（5）恶病质：恶性肿瘤晚期病人可出现消瘦、无力、贫血和全身衰竭等表现，称为恶病质。

（6）副肿瘤综合征：一些非内分泌腺的肿瘤，可产生或分泌激素类物质，引起内分泌、神经、消化、造血、骨关节、皮肤、肾等系统发生病变，出现相应的临床表现，称为副肿瘤综合征。

【学习小结】

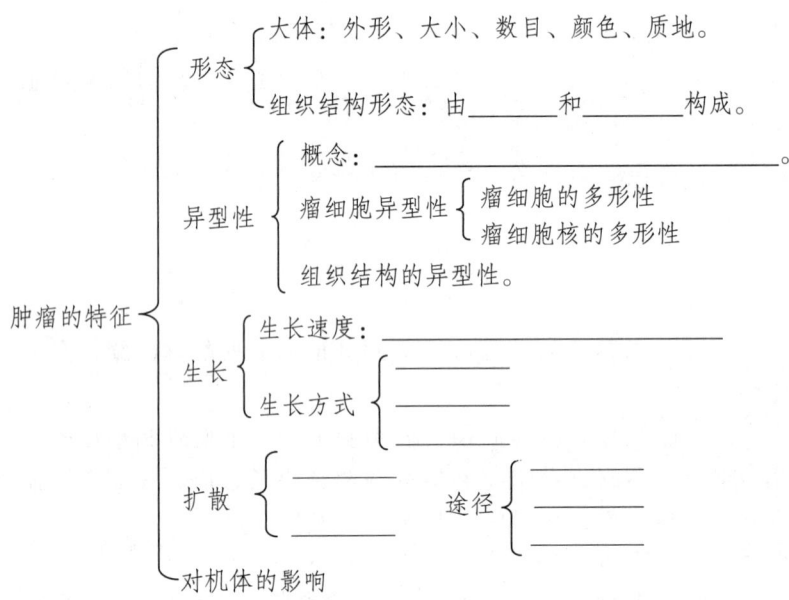

【项目实训】

（1）观察肿瘤的大体标本及病理切片，学会识别肿瘤的病理变化形态特点。

（2）案例分析：

患者，男，55岁，因"肩背部疼痛2月余，加重20天，发热半个月"入院。病初为右肩部酸胀痛，不红肿，伴轻度畏寒，针灸后疼痛缓解。但以后疼痛逐渐加重，且有时感到剑突下及右下腹疼痛，入院前一个月开始食欲下降，体重逐渐减轻。自诉患胃溃疡5年余，体检：双腋下扪及黄豆和蚕豆大小淋巴结数个。肝区有压痛，甲胎蛋白（-），大便隐血试验呈阳性。胸部 X 透视右膈肌升高，运动稍受限，超声波检查肝大，肝内多个小液平段，疑为胆囊疾患及多发性肝脓肿。肝穿未见癌细胞，腹腔穿刺获血性腹水，查见癌细胞，次日 X 线摄片两肺多数不等结节状阴影。

问题：
（1）本例诊断是什么？诊断依据是什么？
（2）患者肩背部疼痛说明什么？其发生机制是什么？

【项目测试】

1. 填空题

（1）肿瘤的形态结构由_____和_____构成。
（2）肿瘤的生长方式有_____、_____和_____三种。
（3）肿瘤的异型性反映肿瘤组织的_____程度，异型性越高，_____越低。
（4）血道转移是_____最常见转移途径，淋巴道转移是_____最常见转移途径。

2. 单项选择题

（1）肿瘤的实质是指（　　），是肿瘤的主要成分，决定肿瘤的性质。
　　A. 肿瘤的本质　　　　　B. 肿瘤的异常增生　　　C. 肿瘤组织
　　D. 肿瘤细胞　　　　　　E. 结缔组织
（2）恶性肿瘤的主要生长方式是（　　）。
　　A. 膨胀性生长　　　　　B. 外生性生长　　　　　C. 浸润性生长
　　D. 包裹性生长　　　　　E. 以上都不对
（3）良性肿瘤的主要生长方式是（　　）。
　　A. 膨胀性生长　　　　　B. 外生性生长　　　　　C. 浸润性生长
　　D. 侵袭性生长　　　　　E. 以上都不对
（4）肿瘤的异型性是指（　　）。
　　A. 肿瘤实质和间质之间的差异　B. 癌与肉瘤之间的差异
　　C. 良、恶性肿瘤之间的差异　　D. 肿瘤与起源组织之间的差异
　　E. 癌与癌前病变之间的差异

项目三　良、恶性肿瘤的区别

【学习目标】

（1）学会正确区分良、恶性肿瘤。

（2）能够运用所学知识判断和分析良、恶性肿瘤。

【理论学习】

良性肿瘤和恶性肿瘤在生物学特点上是明显不同的，因而对机体的影响也不同。良、恶性肿瘤的区别见表 5-3。

表 5-3 良、恶性肿瘤的区别

项目	良性肿瘤	恶性肿瘤
分化程度	分化好、异型性小	分化差，异型性大
核分裂象	无/稀，无病理性核分裂象	多，可见病理性核分裂象
生长速度	生长缓慢	生长较快
生长方式	膨胀性生长、外生性生长	浸润性生长、外生性生长
大体表现	多有包膜，界限清楚，活动好	无包膜，界限不清，活动差
继发改变	很少发生坏死、出血、感染	常发生坏死、出血、感染、溃疡
复发	不复发或很少复发	易复发
转移	不转移	常有转移
对机体的影响	较小，主要为局部阻塞或压迫	较大，除阻塞、压迫外，可破坏周围组织，出现恶病质或严重并发症

区别良性肿瘤与恶性肿瘤，对于正确的诊断和治疗具有重要的实际意义。但良性肿瘤与恶性肿瘤间有时并无绝对界限，有些肿瘤其表现可以介乎两者之间，称为交界性肿瘤。此类肿瘤有恶变倾向，在一定的条件下可逐渐向恶性发展，有的则很少发生转移。此外，肿瘤的良恶性也并非一成不变，有些良性肿瘤如不及时治疗，有时可转变为恶性肿瘤，而个别的恶性肿瘤如黑色素瘤，有时由于机体免疫力加强等原因，可以停止生长甚至完全自然消退。

【学习小结】

良、恶性肿瘤的区别

项 目	良性肿瘤	恶性肿瘤
分化程度		
核分裂象		
生长速度		
生长方式		
大体表现		
继发改变		
转 移		
复 发		
对机体的影响		

【实训项目】

小组讨论：运用所学知识判断良、恶性肿瘤的区别。

【测试项目】

单项选择题

（1）关于病理性核分裂象的叙述，下列正确的是（　　）。
　　A. 见于肿瘤性增生　　　　　　B. 见于良性肿瘤
　　C. 见于恶性肿瘤　　　　　　　D. 不是确定肿瘤性质所必需的
　　E. 以上都不是
（2）恶性肿瘤细胞分化程度越高，说明（　　）。
　　A. 恶性程度越高　　　　　　　B. 危害越大
　　C. 转移越早　　　　　　　　　D. 预后越差
　　E. 异型性越小
（3）下列不是恶性肿瘤特点的是（　　）。
　　A. 常有完整包膜　　　　　　　B. 细胞异型性明显
　　C. 浸润性生长　　　　　　　　D. 常发生转移
　　E. 恶病质
（4）决定良、恶性肿瘤的主要依据是（　　）。
　　A. 肿瘤的大小　　　　　　　　B. 肿瘤的外形
　　C. 肿瘤细胞的形态　　　　　　D. 肿瘤的复发
　　E. 肿瘤的生长速度

项目四　肿瘤的命名与分类

【学习目标】

（1）能够准确描述癌、肉瘤、癌前病变、原位癌和早期浸润癌的概念。
（2）能够运用所学知识判断及区分癌和肉瘤。
（3）领会肿瘤的命名原则，熟知肿瘤的分类。

【理论学习】

肿瘤的命名和分类，是肿瘤病理诊断的核心内容，对于临床实践十分重要。医护人员必须了解这些名称的含义，正确地使用它们。在医护人员与患者的交流中，需要适当地给患者解释这些诊断名称的含义，使他们对所患疾病有恰当的认知。

一、命名原则

人体肿瘤的种类繁多，命名复杂，一般根据其组织/细胞类型和生物行为来命名。

1. 肿瘤命名的一般原则

（1）良性肿瘤命名：起源于任何组织的良性肿瘤称为"瘤"。命名方法："生长部位＋起源组织＋瘤"，如腺上皮的良性肿瘤，称为腺瘤；平滑肌的良性肿瘤，称为平滑肌瘤。

（2）恶性肿瘤命名。① 癌：起源于上皮组织的恶性肿瘤统称为癌；命名方法："生长部位＋上皮组织＋癌"，如鳞状上皮的恶性肿瘤称为鳞状细胞癌；乳腺腺上皮的恶性肿瘤称为乳腺癌。② 肉瘤：起源于间叶组织（纤维组织、脂肪、肌肉、脉管、骨、软骨组织等）的恶性肿瘤统称为肉瘤；命名方法："生长部位＋间叶组织＋肉瘤"，如纤维肉瘤、脂肪肉瘤、骨肉瘤等。

应注意，平常所说的所谓"癌症"，不是一种命名名称，泛指所有的恶性肿瘤，包括癌和肉瘤。一个肿瘤若既有癌的成分，又有肉瘤的成分，则称为癌肉瘤。

癌与肉瘤的鉴别：癌和肉瘤均为恶性肿瘤，但是两者的病例特点及临床特点等有一定的区别，正确区别对于临床的诊治具有重要意义。二者的区别见表 5-4。

表 5-4 癌与肉瘤的区别

项　目	癌	肉瘤
组织来源	上皮组织	间叶组织
发病特征	较高，约为肉瘤的 9 倍，多见于 40 岁以后的成年人	较低，有些类型主要见于青少年，有些类型主要见于中老年人
肉眼观察	质较硬，色灰白，较干燥	质软，灰红色，鱼肉状，较湿润
镜下观察	癌细胞多形成癌巢，实质与间质分界清楚，间质内纤维组织常有增生	肉瘤细胞多弥漫分布，实质与间质分不清，间质内血管丰富，纤维组织少
网状纤维染色	见于癌巢周围，癌细胞间多无网状纤维	肉瘤细胞间多有网状纤维
转移	多经淋巴道转移	多经血道转移

2. 肿瘤的特殊命名原则

（1）以"瘤"命名的恶性肿瘤：如黑色素瘤、精原细胞瘤、无性细胞瘤等。

（2）以"母细胞"命名的肿瘤：有些肿瘤的形态类似某种幼稚组织，称为母细胞瘤，良性者如脂肪母细胞瘤、骨母细胞瘤、软骨母细胞瘤；恶性者如神经母细胞瘤、髓母细胞瘤和肾母细胞瘤等。

（3）在肿瘤名称前冠以"恶性"命名的恶性肿瘤：如恶性黑素瘤、恶性畸胎瘤、恶性脑膜瘤、恶性神经鞘瘤等。

（4）以人名命名的肿瘤：有的肿瘤以最初描述或研究该肿瘤的人的名字命名，如尤文氏肉瘤、霍奇金淋巴瘤。

（5）按习惯命名的肿瘤：如葡萄胎、畸胎瘤、白血病等。

（6）其他特殊命名：①以肿瘤细胞的形态命名，如透明细胞肉瘤；②以肿瘤多发状态特点命名，称为"××瘤病"，如神经纤维瘤病、脂肪瘤病、血管瘤病。

二、肿瘤的分类

肿瘤常以其组织来源进行分类，每一类又分为良、恶性两类（见表5-5）。

表5-5 肿瘤的分类

组织来源	良性肿瘤	恶性肿瘤	好发部位
上皮组织			
鳞状上皮	乳头状瘤	鳞状细胞癌	乳头状瘤见于皮肤、鼻、鼻窦、喉等处，鳞状细胞癌常见于子宫颈、皮肤、食管、鼻咽、肺、喉、阴茎等处
基底细胞		基底细胞癌	头面部皮肤
腺上皮细胞	腺瘤	腺癌	乳腺、甲状腺、胃、肠等处
移行上皮	乳头状瘤	移行上皮癌	膀胱、肾盂
间叶组织			
纤维组织	纤维瘤	纤维肉瘤	四肢、皮下
脂肪组织	脂肪瘤	脂肪肉瘤	四肢、皮下
平滑肌	平滑肌瘤	平滑肌肉瘤	皮下、腹膜后
横纹肌	横纹肌瘤	横纹肌肉瘤	子宫、胃肠
血管组织	血管瘤	血管肉瘤	生殖泌尿道、头颈、四肢
淋巴组织	淋巴管瘤	淋巴管肉瘤	皮肤、皮下
骨组织	骨瘤	骨肉瘤	颅骨、长骨
软骨组织	软骨瘤	软骨肉瘤	手足短骨、骨盆、肋骨
滑膜组织	滑膜瘤	滑膜肉瘤	膝、踝、肘等关节附近
间皮	间皮瘤	恶性间皮瘤	胸膜、腹膜
淋巴造血组织			
淋巴组织		恶性淋巴瘤	颈部、纵隔、肠系膜、腹膜淋巴结
造血组织		各种白血病	骨髓、淋巴结
神经组织			
神经鞘细胞	神经鞘瘤	恶性神经鞘瘤	头、颈、四肢皮神经
胶质细胞		恶性神经胶质瘤	大脑
脑膜组织	脑膜瘤	恶性脑膜瘤	脑膜
交感神经节	节细胞神经瘤	神经母细胞瘤	良性见于纵隔、腹膜后；恶性见于肾上腺髓质

续表

组织来源	良性肿瘤	恶性肿瘤	好发部位
其他肿瘤			
黑色素细胞	色素痣	（恶性）黑色素瘤	皮肤
胎盘组织	葡萄胎	恶性葡萄胎	子宫
生殖细胞		精原细胞瘤	睾丸
三个胚层组织	畸胎瘤	恶性畸胎瘤	卵巢、睾丸、纵隔、骶尾部

【学习小结】

【项目实训】

镜下观察癌与肉瘤的切片，并说出各自的特点。

【项目测试】

1. 填空题

（1）癌症泛指_____。

（2）癌是_____来源的恶性肿瘤。

（3）肉瘤是_____来源的恶性肿瘤。

2. 单项选择题

（1）癌与肉瘤的根本区别在于（　　）。
　　A. 发生的年龄　　　　　　　B. 转移途径
　　C. 生长的速度　　　　　　　D. 对机体的危害性
　　E. 组织来源

（2）起源于纤维组织的恶性肿瘤称为（　　）。
　　A. 恶性纤维瘤　　　　　　　B. 纤维肉瘤
　　C. 纤维癌　　　　　　　　　D. 纤维瘤恶性变
　　E. 纤维母细胞瘤

（3）起源于上皮细胞的恶性肿瘤称为（　　　）。
　　A. 癌症　　　　　　　　　　　　B. 类癌
　　C. 癌　　　　　　　　　　　　　D. 肉瘤
　　E. 恶性上皮瘤
（4）下列哪项不是肉瘤的特征？（　　　）
　　A. 多见于青少年　　　　　　　　B. 瘤细胞呈巢状
　　C. 多经血道转移　　　　　　　　D. 切面呈鱼肉状
　　E. 瘤细胞见有网状纤维
（5）"癌症"是指（　　　）。
　　A. 泛指所有恶性肿瘤　　　　　　B. 所有肿瘤统称
　　C. 上皮组织发生的恶性肿瘤　　　D. 癌和肉瘤
　　E. 间叶组织来源的恶性肿瘤
（6）下列对肿瘤的命名不正确的是（　　　）。
　　A. 癌是指上皮组织的恶性肿瘤
　　B. 具有癌和肉瘤两种成分的恶性肿瘤称为癌肉瘤
　　C. 瘤病是指肿瘤多发的状态
　　D. 凡称为瘤的都是良性肿瘤
　　E. 称为母细胞瘤的不一定都是恶性肿瘤

项目五　癌前病变、原位癌、早期浸润癌

【学习目标】

（1）能准确描述癌前病变、原位癌和早期浸润癌的概念。
（2）能列举常见的癌前病变。

【理论学习】

一、癌前病变

癌前病变是指具有癌变潜在可能性的良性疾病或病变，如不积极治疗，有可能发展成癌。临床上常见的癌前病变有：黏膜白斑、慢性宫颈炎伴子宫颈糜烂、乳腺增生性纤维囊性病、结肠或直肠息肉状腺瘤、慢性萎缩性胃炎及胃溃疡、慢性溃疡性结肠炎、皮肤慢性溃疡、色素痣等。

二、原位癌

原位癌是指癌细胞仅限于皮肤表皮层内和黏膜上皮层内，尚未突破基底膜、尚未向下浸润者，有时也称上皮内癌。原位癌是一种早期癌，如能早期发现，积极治疗，可以完全治愈。

三、早期浸润癌

早期浸润癌是指癌细胞已累及上皮全层，但浸润深度不超过基底膜下 3~5 mm，且无淋巴结转移者。早期浸润癌一般肉眼不能判断，仅在显微镜下才能确诊。

【学习小结】

癌前疾病 { 概念：_____。
　　　　　 列举常见的癌前疾病（至少5个）：
原位癌的概念：_____。
早期浸润癌的概念：_____。

【项目实训】

小组讨论：癌前疾病、原位癌、早期浸润癌有何不同？

【项目测试】

单项选择题
（1）原位癌是指（　　）。
　　A. 原发部位的癌　　　　　　　　B. 癌细胞仅在上皮层内，没突破基底膜的癌
　　C. 没有发生转移的癌　　　　　　D. 早期癌
　　E. 光镜下才能见到的微小癌
（2）下列除哪一项外，其余均属于癌前病变？（　　）
　　A. 纤维囊性乳腺病　　　　　　　B. 十二指肠溃疡
　　C. 黏膜白斑　　　　　　　　　　D. 结肠多发性腺瘤性息肉
　　E. 小腿慢性溃疡
（3）癌前病变是指（　　）。
　　A. 一类恶性病变　　　　　　　　B. 癌变早期

C. 一类必然癌变的病变 D. 交界性肿瘤

E. 有明显癌变危险的一类良性病变

学习效果分析

内容	优秀	良好	一般	需要加油
	≥90%	80%~89%	60%~79%	<60%
项目测试				
项目实践				
自我反思				

第六章 常见疾病

第一节 动脉粥样硬化

项目一 概　述

【学习目标】

（1）会描述动脉粥样硬化的概念。
（2）能列举出动脉粥样硬化发生的高危因素，知道其发病机制。

【理论学习】

动脉粥样硬化（AS）是一种与血脂异常及血管壁成分改变有关的动脉疾病。主要累及大、中动脉，脂质代谢障碍为动脉粥样硬化的病变基础，以动脉内膜脂质沉积、内膜灶状纤维化和粥样斑块形成为主要特征，致使管变硬、管腔狭窄，引起组织、器官的缺血性改变，并引起一系列的继发性改变。动脉粥样硬化多见于中老年人。

动脉粥样硬化的病因和发病机制尚未完全阐明，下列因素被视为危险因素。

1. 高脂血症

高脂血症是指血浆总胆固醇和（或）甘油三酯异常升高，是动脉粥样硬化发生的最主要危险因素。大量流行病学调查证明，大多数 AS 患者血胆固醇水平比正常人高，特别是血浆低密度脂蛋白（LDL）、极低密度脂蛋白（VLDL）水平的持续升高和高密度脂蛋白（HDL）水平的降低与 AS 的发病率呈正相关。

2. 高血压

据统计，高血压患者的 AS 患病率比正常人高 4 倍；与同年龄同性别的无高血压者相比，高血压患者动脉粥样硬化的发病较早、病变较重。高血压时血流对血管壁的机械性压力和冲击作用，引起血管内皮损伤，血管壁通透性升高，有利于脂蛋白渗入内膜发生沉积。

3. 吸　烟

大量流行病学资料表明，吸烟是心肌梗死主要、独立的危险因子。大量吸烟可导致血管内皮细胞损伤和血中一氧化碳浓度升高，促进 AS 的发生。

4. 致继发性高脂血症的疾病

糖尿病、高胰岛素血症、肾病综合征及甲状腺功能减退等均可引起高胆固醇血症，促进 AS 的发生。

5. 遗传因素

冠心病的家族性聚集现象提示遗传因素是动脉粥样硬化的危险因素之一。

6. 其他因素

年龄、性别、肥胖等在动脉粥样硬化发生的过程中有一定的作用。

总之，AS 的发病机制较复杂，血脂的升高是 AS 发生的物质基础，而动脉壁的结构和功能改变促进了 AS 的发生，上述多种因素的综合作用，推动 AS 的发生和发展。

【学习小结】

动脉粥样硬化 { 概念：_____。
主要累及_____动脉。
病因：①_____ ②_____ ③_____ ④_____ ⑤_____。

【项目实训】

（1）讨论动脉粥样硬化的高危因素有哪些？为什么？
（2）观看动脉粥样硬化形成视频。

【项目测试】

1. 填空题

_____增多抑制动脉粥样硬化形成；_____增多促进动脉粥样硬化形成。

2. 单项选择题

（1）动脉粥样硬化的危险因素，下列哪个为最主要的危险因素？（　　）

　　A. 高脂血症　　　　　　　B. 高血压
　　C. 吸烟　　　　　　　　　D. 遗传因素
　　E. 肥胖

（2）动脉粥样硬化病变主要发生在（　　）。

　　A. 细动脉内膜　　　　　　B. 动脉内膜

C. 微动脉内膜 D. 大、中动脉内膜
E. 小动脉内膜

项目二　病理变化

【学习目标】

（1）能熟练解释动脉粥样硬化的病变特点。
（2）能列举出动脉粥样硬化的并发症。

【理论学习】

一、基本病理变化

动脉粥样硬化按其病程进展可分为三个阶段：

（一）脂纹期

脂纹期为动脉粥样硬化的早期病变。

1. 肉眼观

动脉内膜面可见黄色针头帽大小的斑点或长短不一的条纹，平坦或微隆起。

2. 镜下观

病灶处内皮细胞下有大量泡沫细胞聚集。泡沫细胞体积较大，呈圆形或椭圆形，HE染色胞质内含大量的小空泡。

脂纹是一种可逆性变化，对机体无明显影响，病因去除后病变可以消退。

（二）纤维斑块期

脂纹进一步发展则演变为纤维斑块。

1. 肉眼观

动脉内膜面散在不规则表面隆起的斑块，初为淡黄或灰黄色，逐渐变为瓷白色，状如凝固的蜡烛油。

2. 镜下观

病灶表层为大量胶原纤维、平滑肌细胞、弹力纤维及蛋白聚糖形成的纤维帽，纤维帽下方可见量不等的泡沫细胞、平滑肌细胞、细胞外基质及炎细胞。

（三）粥样斑块期

由纤维斑块深层细胞的坏死发展而来的，为动脉粥样硬化的典型病变。

1. 肉眼观

动脉内膜面见灰黄色斑块向内膜表面隆起并向深部压迫中膜。

2. 镜下观

在纤维帽之下含有有大量的不定形的坏死崩解产物、胆固醇结晶（HE 染色片中为针状空隙）及钙盐沉积，斑块底部及边缘部可见肉芽组织、少量泡沫细胞和淋巴细胞。动脉中膜因斑块压迫、平滑肌细胞萎缩、纤维破坏而变薄。

二、继发性改变

继发性改变是指在纤维斑块和粥样斑块的基础上继发的病变，常见的有：

1. 斑块内出血

斑块内新生的血管破裂形成血肿，血肿使斑块进一步隆起，甚至使动脉管腔完全闭塞。

2. 斑块破裂

斑块表面的纤维帽破裂，粥样物自裂口流入血流，局部形成粥瘤样溃疡。排入血流的坏死物质和脂质可形成胆固醇栓子，引起栓塞。

3. 血栓形成

斑块破裂形成溃疡，由于胶原暴露，可促进血栓形成，引起动脉管腔阻塞，进而引起器官梗死。

4. 钙　化

在纤维帽和粥瘤病灶内可见钙盐沉积，致管壁变硬、变脆。

5. 动脉瘤形成

严重的粥样斑块底部的中膜平滑肌可发生不同程度的萎缩和弹性下降，在血管内压力的作用下，动脉壁局限性扩张，形成动脉瘤。动脉瘤破裂可致大出血。

【学习小结】

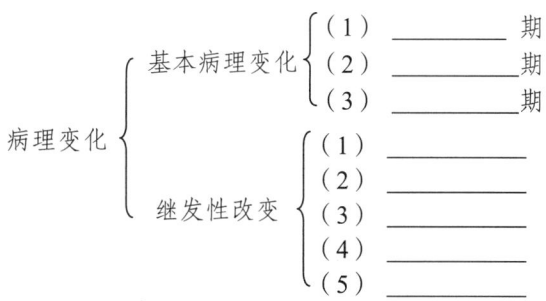

【项目实训】

观察媒体上展示的动脉粥样硬化的病理图片,说明其病理变化特点。

【项目测试】

单项选择题
(1)下列哪项属于动脉粥样硬化的继发性病变?(　　)
  A. 脂纹　　　　　　　　　　　　B. 纤维斑块
  C. 粥样斑块　　　　　　　　　　D. 细动脉玻璃样变
  E. 斑块内出血
(2)泡沫细胞来源于(　　)。
  A. 单核吞噬细胞、平滑肌细胞　　B. 内皮细胞、平滑肌细胞
  C. 纤维细胞、单核吞噬细胞　　　D. 纤维细胞、内皮细胞
  E. 纤维细胞、平滑肌细胞

项目三　冠状动脉粥样硬化及冠心病

【学习目标】

(1)熟练描述冠心病、心绞痛及心肌梗死的概念。
(2)能说出冠状动脉粥样硬化最常发生的部位。
(3)能列举出心肌梗死的并发症。

【理论学习】

一、冠状动脉粥样硬化

冠状动脉粥样硬化是动脉粥样硬化中对人类构成威胁最大的疾病,以左冠状动脉前降支最常见,其余依次为右主干、左主干或左旋支、后降支。横切面上,斑块多呈新月形,偏心位,使管腔不同程度狭窄。根据管腔狭窄的程度分为四级:Ⅰ级(缩小≤25%);

Ⅱ级（缩小 26%~50%）；Ⅲ级（缩小 51%~75%）；Ⅳ级（缩小≥76%）。

二、冠状动脉硬化性心脏病

冠状动脉硬化性心脏病简称冠心病，是因冠状动脉狭窄所致心肌缺血而引起，也称缺血性心脏病。其临床主要表现有：

1. 心绞痛

由于心肌急剧的、暂时性缺血、缺氧所造成的一种常见的临床综合征。临床表现为阵发性胸骨后或心前区疼痛或压迫感，可放射至左肩和左上肢，持续数分钟，用硝酸酯制剂或稍休息后症状可缓解。

2. 心肌梗死

心肌梗死是指由于冠状动脉供血中断，致供血区持续缺血而导致的较大范围的心肌坏死。

（1）临床特征：临床上有剧烈而较持久的胸骨后疼痛，用硝酸酯制剂或休息后症状不能完全缓解，可并发心律失常、休克或心力衰竭等。心肌梗死多发生于中老年人。

（2）病理变化特点：心肌梗死多属贫血性梗死。其形态学变化是一个动态演变过程。一般梗死在 6 小时后肉眼才能辨认，梗死灶呈苍白色，8~9 小时后呈土黄色。4 天后，梗死灶外周出现充血出血带。7 天~2 周后，梗死灶边缘区开始出现肉芽组织。3 周后肉芽组织开始机化，逐渐形成瘢痕组织。光镜下，病变早期心肌纤维凝固性坏死，核碎裂、消失，胞质均质红染或呈不规则粗颗粒状，间质水肿，少量中性粒细胞浸润。

（3）并发症。① 心力衰竭：梗死后心肌收缩力丧失，可致左、右或全心衰竭。② 心脏破裂：由于梗死灶失去弹性，坏死的心肌细胞，尤其是坏死的中性粒细胞和单核细胞释放大量蛋白水解酶的作用，使梗死灶发生溶解所致。心肌梗死发生于左心室前壁者，破裂后血液涌入心包腔造成急性心包填塞而迅速死亡。③ 室壁瘤：梗死心肌或瘢痕组织在心室内压力作用下形成的局限性向外膨隆，常见于心肌梗死的愈合期。④ 附壁血栓形成：心肌梗死波及心内膜使之粗糙，或有室壁瘤形成处血流形成涡流等原因，可促进局部附壁血栓形成，多见于左心室。⑤ 心源性休克：心肌梗死面积>40%时，心肌收缩力极度减弱，心排出量显著下降，即可引起心源性休克。⑥ 心律失常：心肌梗死早期最常见的合并症和死亡原因，心肌梗死累及传导系统所致，严重者可引起心脏骤停、猝死。

3. 心肌纤维化

心肌纤维化是由于中、重度的冠状动脉粥样硬化性狭窄引起的心肌纤维持续性和（或）反复加重的缺血、缺氧所产生的结果，是逐渐发展为心力衰竭的慢性缺血性心脏病。病变心脏体积增大，各心腔扩张，心壁厚度可正常。

【学习小结】

冠心病 { 概念：_____。
好发部位：_____。
常见类型 { 心绞痛 { 概念：_____。
临床特点：_____。
心肌梗死 { 概念：_____。
临床特点：_____。
并发症：_____。

【项目实训】

案例分析：

有一中年妇女，患高血压病，心前区有不适感，与其夫吵架后，吃完午饭，上床午休，出现头痛晕厥，急送医院途中死亡。

问题：引起该患者死亡的可能病变是什么？

【项目测试】

1. 填空题

冠状动脉粥样硬化最常发生于冠状动脉的_____支。

2. 单项选择题

（1）心肌梗死最常发生的部位在（　　）。
　　A. 室间隔后 1/3　　　　　　B. 左心室后壁
　　C. 右心室前壁　　　　　　　D. 左心室前壁
　　E. 左心室侧壁

（2）冠心病主要原因是（　　）。
　　A. 冠状动脉痉挛　　　　　　B. 冠状动脉玻璃样变性
　　C. 冠状动脉粥样硬化　　　　D. 冠状动脉血栓形成
　　E. 冠状动脉中层硬化

学习效果分析

内容	优秀 ≥90%	良好 80%~89%	一般 60%~79%	需要加油 <60%
项目测试				
项目实践				
自我反思				

第二节 高血压病

项目一 概述

【学习目标】

（1）能说出高血压病的概念及诊断标准。
（2）知道高血压病的病因及发病机制。

【理论学习】

高血压是以体循环动脉血压持续升高，可导致心、脑、肾和血管改变的最常见的一种临床综合征。成年人在静息状态，非药物状态下，若血压持续为：收缩压≥140 mmHg（18.4 kPa）和（或）舒张压≥90 mmHg（12.0 kPa）即可诊断为高血压。其可分为原发性高血压和继发性高血压。

原发性高血压，又称高血压病，是我国最常见的心血管疾病，是一种原因未明、以体循环动脉血压升高为主要表现的独立性全身性疾病。

继发性高血压是指患有某些疾病时出现的血压升高。如慢性肾小球肾炎、肾盂肾炎所引起的肾性高血压等，占5%～10%，较少见。本节主要叙述原发性高血压。

高血压病的原因及发生机制尚未完全阐明，目前认为是以下多种因素共同作用的结果。

1. 遗传因素

高血压具有明显的遗传和家族聚集倾向。目前认为原发性高血压是一种受多基因遗传影响，在多种后天因素的作用下，使得血压调节机制紊乱而导致的。

2. 高盐饮食因素

日均摄盐量高的人群，高血压患病率明显比日均摄盐量低的人群高，摄盐量与血压呈正相关。

3. 社会心理因素

精神长期或反复处于紧张状态的人或从事相应职业的人群易发生高血压病。

4. 其他因素

肥胖、吸烟、饮酒及缺乏体力锻炼等也与高血压的发生有关。

【学习小结】

原发性高血压 { 概念：_____。
                 与高血压发生有关的因素有：_____。

【项目实训】

小组讨论：引起高血压的病因有哪些？其机制是什么？

【项目测试】

单项选择题
下列关于高血压的诊断叙述正确的是（　　）。
　　A. BP>120/80 mmHg　　　　　　B. BP≥130/85 mmHg
　　C. BP>139/89 mmHg　　　　　　D. BP≥140/90 mmHg
　　E. BP>160/100 mmHg

项目二　基本病理变化

【学习目标】

（1）会解释原发性高血压的病变特点。
（2）能说出原发性高血压在心、脑、肾、视网膜的病变特点。

【理论学习】

原发性高血压可分为良性高血压（缓进型高血压）和恶性高血压（急进型高血压）两类。

良性高血压以细小动脉硬化痉挛为基本病变，占90%~95%，多见于中老年人，起病隐匿，病程长，可达十余年或数十年。良性高血压按病变的发生发展的过程可分为三期：

1. 功能紊乱期

此期为高血压的早期阶段。其特点是全身细小动脉间歇性痉挛收缩，血压升高，因动脉无器质性病变，痉挛缓解后血压可恢复正常。

此期临床表现不明显，但有波动性血压升高，可伴有头晕、头痛。

2. 动脉病变期

（1）细小动脉硬化：是高血压病的主要病变特征，表现为细动脉玻璃样变，最易累及肾的入球动脉、视网膜动脉及脾中央动脉。

（2）肌型小动脉硬化：主要累及肾小叶间动脉、弓形动脉及脑的小动脉。表现为小动脉内膜胶原纤维及弹力纤维增生，中膜平滑肌细胞有不同程度的增生、肥大，并伴有不同程度的胶原纤维及弹力纤维增生，使管壁增厚、管腔狭窄。

本期患者血压持续性升高，休息后不缓解，需服用降压药才能控制血压。患者症状明显，常有头痛、眩晕、心悸、疲乏、健忘、注意力不集中等表现。

3. 内脏病变期

（1）心脏：严重高血压引起的心脏病，称为高血压性心脏病。主要表现为左心室肥大。肉眼观察：心脏体积增大，质量增加，可达 400 g（正常约 250 g）以上，左心室壁增厚，可达 1.5~2 cm（正常 1.0 cm 以内），乳头肌和肉柱增粗，心室壁肥厚但心腔不扩张，心腔相对缩小，表现为代偿性改变，称为向心性肥大。镜下观察：心肌细胞变粗、变长，细胞核肥大深染，呈圆形或椭圆形。晚期左心室代偿失调，心肌收缩力下降，逐渐出现心腔扩张，称为离心性肥大，严重者可发生心力衰竭。

（2）肾脏病变：表现为原发性颗粒性固缩肾。肉眼观察：双侧肾脏对称性缩小，质地变硬，肾表面凹凸不平，呈细颗粒状；切面肾皮质变薄，皮髓质界限模糊。高血压引起的这种肾脏改变称为原发性颗粒性固缩肾。镜下观察：肾小球纤维化和玻璃样变性，相应的肾小管因缺血而萎缩、消失，间质纤维组织增生和淋巴细胞浸润，病变相对较轻的肾单位代偿性肥大，相应的肾小管代偿性扩张，严重时可发生肾衰竭。

（3）脑：由于脑细小动脉痉挛硬化，脑可发生一系列病变，患者脑部可出现一系列病变。① 高血压脑病：由于脑小动脉硬化和痉挛，局部组织缺血，毛细血管通透性增加，发生脑水肿。临床表现为血压显著升高，剧烈头痛、头晕、眼花、呕吐、抽搐甚至昏迷。② 脑软化：由于脑细小动脉硬化和痉挛，供血区脑组织缺血而发生多数小灶性坏死，即微梗死灶。③ 脑出血：是高血压最严重的并发症，常发生于基底节、内囊，其次为大脑白质、脑桥和小脑，多见于基底节区域，是因为供应该区域的豆纹动脉从大脑中动脉呈直角分出，且较细，承受压力较高易发生破裂出血。脑出血可因血肿及脑水肿引起颅内高压，并发脑疝形成。

（4）视网膜：视网膜中央动脉发生细动脉硬化。眼底检查可见血管迂曲，反光增强，动静脉交叉处出现压痕。严重者视网膜视乳头水肿，视网膜出血，视力减退。眼底检查对高血压的诊断和病变程度的了解十分重要。

【学习小结】

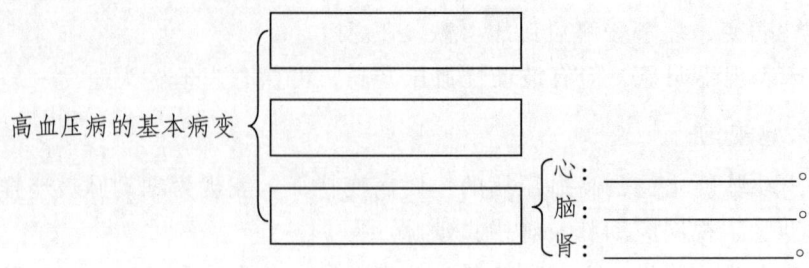

【项目实训】

案例分析：

患者，男，58岁，患高血压病十余年。7天前大便时突然晕倒，经抢救，意识恢复，左侧上下肢瘫痪，感觉丧失。

请问：该患者发生上述变化是什么原因所导致的？

【项目测试】

1. 填空题

高血压病的病理分期依次为＿＿＿＿、＿＿＿＿和＿＿＿＿三期。

2. 单项选择题

（1）良性高血压早期血压呈波动性升高的原因是（　　　）。
    A. 细动脉硬化　　　　　　　　B. 小动脉硬化
    C. 血容量增多　　　　　　　　D. 肾素分泌增多
    E. 细小动脉间歇性痉挛

（2）下列哪项不是高血压时脑部的病理变化？（　　　）
    A. 脑水肿　　　　　　　　　　B. 脑软化
    C. 脑出血　　　　　　　　　　D. 脑凝固性坏死
    E. 视网膜病变

（3）原发性高血压最常累及的血管是（　　　）。
    A. 大、中动脉　　　　　　　　B. 大、中静脉
    C. 毛细血管　　　　　　　　　D. 细、小动脉
    E. 大动脉、大静脉

（4）高血压病会引起（　　　）。
    A. 风湿肉芽肿　　　　　　　　B. 心肌梗死
    C. 原发性颗粒性固缩肾　　　　D. 败血性梗死

E. 二尖瓣白色血栓
（5）高血压病最严重的病变是（　　　）。
A. 左心室肥大　　　　　　B. 颗粒性固缩肾
C. 脑软化　　　　　　　　D. 脑出血
E. 视网膜出血

学习效果分析

内容	优秀	良好	一般	需要加油
	≥90%	80%~89%	60%~79%	<60%
项目测试				
项目实践				
自我反思				

第三节　风湿病

项目一　概　述

【学习目标】

（1）准确解释风湿病的概念。
（2）会解释风湿病的发生与A组乙型溶血性链球菌的关系。

【理论学习】

风湿病是一种与A组乙型溶血性链球菌感染有关的变态反应性疾病。病变主要累及全身结缔组织，最常侵犯心脏、关节和血管等处，以心脏病变最为严重。急性期称为风湿热。临床上以反复发作的风湿性心脏病、关节炎、皮肤环形红斑、皮下结节和小舞蹈病等为特征，可导致慢性心瓣膜病。风湿病多发于5~15岁，以6~9岁为发病高峰，男女患病率无差别。出现心瓣膜变形常在20~40岁。

一、风湿病的病因

风湿病的发生与A组乙型溶血性链球菌感染有关。其根据有：患者发病前常有咽峡炎、扁桃体炎等上呼吸道链球菌感染的病史；本病多发生于链球菌感染盛行的冬、春季节及咽部链球菌感染好发的寒冷潮湿地区；抗生素广泛使用后，不但能预防和治疗咽峡炎、扁桃体炎，而且也明显地减少风湿病的发生和复发。

二、风湿病的发生机制

风湿病的发病机制仍不十分清楚。目前多数倾向于抗原-抗体交叉反应学说，即链球菌细胞壁的C抗原（糖蛋白）引起的抗体可与结缔组织（如心脏瓣膜及关节等）的糖蛋白发生交叉反应；链球菌壁的M蛋白可与存在于心脏、关节及其他组织中的糖蛋白也发生交叉反应，导致组织损伤。

【学习小结】

风湿病 ｛ 概念：与A组乙型溶血性链球菌_____的_____。
病因：_____的感染有关。
发病机制

【项目实训】

小组讨论风湿病的发生与A组乙型溶血性链球菌的关系。

【项目测试】

1. 填空题

风湿病主要累及_____，最常侵犯_____、_____和_____。

2. 单项选题

有关风湿病发病的描述，哪项是正确的？（　　　）
    A. 由乙型溶血性链球菌直接感染引起　　B. 与乙型溶血性链球菌感染有关
    C. 由流感病毒直接感染引起　　　　　　D. 与流感病毒感染有关
    E. 由对青霉素过敏所致

项目二 风湿病的基本病变

【学习目标】

（1）准确说出风湿病的病程分期。
（2）能熟练描述风湿病各期的主要病理变化。
（3）能准确分辨出风湿病的特征性病变。

【理论学习】

风湿病根据病变发展过程大致可分为三期。

一、变质渗出期

此期是风湿病的早期病变。表现为病变部位的结缔组织基质的黏液样变性和纤维素样坏死，同时有少量淋巴细胞、浆细胞、单核细胞浸润及浆液、纤维素渗出。此期病变可持续1个月。

二、增生期或肉芽肿期

此期的病变特点是形成具有病理诊断意义的风湿性肉芽肿，又称风湿小体或阿少夫小体。风湿小体多发生于心肌间质的小血管旁，呈梭形、圆形或椭圆形，中心为纤维素样坏死物，周围有较多的风湿细胞和成纤维细胞，外周是少量成纤维细胞、淋巴细胞和单核细胞。风湿细胞又称阿少夫细胞，其形态特点是：细胞体积大，呈圆形或多边形，胞质丰富，略嗜碱性，单核或多核，核大，核膜清晰，染色质集中于核中央，核的横切面似枭眼状，纵切面似毛虫状。此期病变可持续2~3月。

三、瘢痕期或愈合期

风湿小体中的纤维素样坏死物逐渐被吸收，风湿细胞转变为纤维细胞，使风湿小体逐渐纤维化，最后形成梭形瘢痕。此期病变可持续2~3月。

【学习小结】

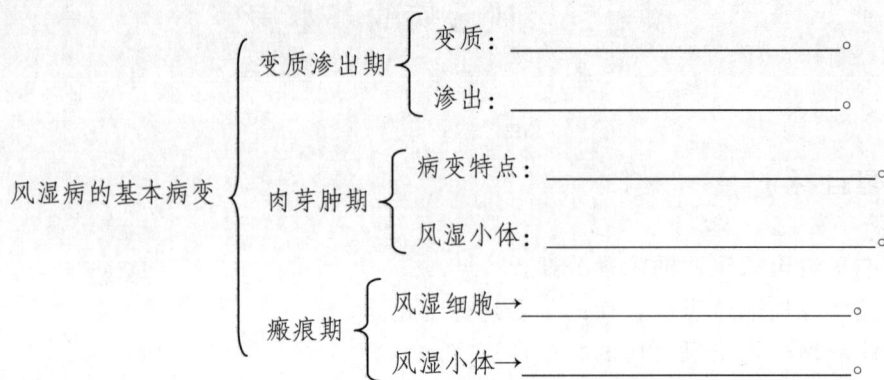

【项目实训】

肉眼和镜下观察风湿病各期的病理变化特点。

【项目测试】

1. 填空题

（1）风湿小体是指_____。

（2）风湿病的基本病变按其发展过程分为_____、_____、_____三期。

2. 单项选择题

（1）风湿病的特征性病变是（　　）。

　　A. 纤维素样坏死　　　　　　B. 黏液样变性
　　C. 风湿性肉芽肿　　　　　　D. 间叶细胞增生
　　E. 纤维化及瘢痕形成

（2）风湿细胞来自（　　）。

　　A. 巨噬细胞　　　　　　　　B. 平滑肌细胞
　　C. 成纤维细胞　　　　　　　D. 心肌细胞
　　E. 淋巴细胞

（3）有关风湿病病变性质的描述，哪项是正确的？（　　）

　　A. 渗出性炎　　　　　　　　B. 变质性炎
　　C. 化脓性炎　　　　　　　　D. 肉芽肿性炎
　　E. 浆液性炎

项目三　风湿性心脏病

【学习目标】

（1）准确描述风湿性心内膜炎的发生部位和病变特点。

（2）能熟练叙述风湿性心肌炎和风湿性心外膜炎的病变特点，并会解释可能导致的结果。

（3）能分析风湿性心内膜炎导致心瓣膜变形对心脏血流动力学的影响。

【理论学习】

风湿病病变可累及心脏各层组织，表现为风湿性心内膜炎、风湿性心肌炎、风湿性心外膜炎，累及心脏全层组织者则称为风湿性全心炎或风湿性心脏炎。

一、风湿性心内膜炎

病变主要累及心瓣膜，其中二尖瓣最常受累及，其次是二尖瓣和主动脉瓣同时受累及。

病变早期，瓣膜内结缔组织发生黏液样变性和纤维素样坏死，浆液渗出和炎细胞浸润，导致瓣膜肿胀增厚。瓣膜表面，尤以闭锁缘上形成串珠状单行排列、直径 1~2 mm、灰白色、半透明的赘生物。赘生物与基底附着牢固，不易脱落。镜下可见赘生物由血小板及纤维蛋白构成。病变后期，赘生物逐渐机化，形成灰白色瘢痕。由于病变反复发作，引起纤维组织增生，导致瓣膜增厚、变硬、卷曲、缩短，瓣膜间互相粘连，腱索增粗、缩短，从而导致瓣膜口狭窄和（或）关闭不全，形成慢性心瓣膜病。

二、风湿性心肌炎

病变主要累及心肌间质结缔组织，常表现为间质水肿，在间质血管附近可见风湿小体和少量淋巴细胞浸润。晚期形成梭形小瘢痕。

风湿性心肌炎可影响心肌收缩力，临床上表现为心率加快，第一心音低钝等。病变累及传导系统时，可出现传导阻滞。在儿童可发生急性充血性心力衰竭。

三、风湿性心外膜炎

病变主要累及心外膜脏层，呈浆液性或纤维素性炎症。以浆液渗出为主时，形成心包腔积液；当渗出以纤维素为主时，覆盖于心外膜表面的纤维素因心脏不停地搏动而牵拉成绒毛状，称为"绒毛心"。如纤维素渗出较多未被完全吸收可发生机化，使心外膜脏层和壁层互相粘连，形成缩窄性心外膜炎。

【学习小结】

风湿性心脏病
- 风湿性心内膜炎
  - 病变早期：瓣膜闭锁缘上有_____形成，其成分为_____和_____。
  - 病变后期：____逐渐机化，形成_____。
  - 反复发作：瓣膜_____，导致_____。
- 风湿性心肌炎：主要累及_____。
- 风湿性心外膜炎：主要累及_____，呈_____炎症。

【项目实训】

案例分析：

小花，女，9岁。30天前患急性扁桃体炎，近10天不规则发热，近4天来出现咳嗽、痰中带血和气急不能平卧，下肢水肿2天。临床检查：体温38℃，脉搏145次/分，呼吸35次/分。端坐呼吸，颜面、下肢轻度水肿，颈静脉怒张，心界扩大，心前区闻及心包摩擦音，抗链"O"750U，WBC 12×10^9/L。入院后经抢救无效而死亡。尸体解剖：心脏体积增大，各心腔均扩大，二尖瓣闭锁缘上见一排细颗粒状、大小均匀、灰色半透明的赘生物，与瓣膜粘连牢固。

请问：小花患"急性扁桃体炎"与后续临床问题之间的发生发展过程是怎样的？

【项目测试】

单项选择题

（1）风湿性心内膜炎的病变是（　　）。
　　A. 瓣膜狭窄血管周围肉芽肿形成　　B. 瓣膜闭锁缘赘生物形成
　　C. 内膜溃疡　　　　　　　　　　　D. 内膜大片坏死
　　E. 心内膜穿孔

（2）风湿性心内膜炎病变最长累及（　　）。
　　A. 二尖瓣　　　　　　　　　　　　B. 主动脉瓣
　　C. 三尖瓣　　　　　　　　　　　　D. 肺动脉瓣
　　E. 二尖瓣与主动脉瓣同时受累

（3）风湿性心内膜炎二尖瓣上的赘生物是（　　）。
  A. 白色血栓　　　　　　　　　B. 混合血栓
  C. 红色血栓　　　　　　　　　D. 透明血栓
  E. 层状血栓
（4）风湿性心外膜炎的病变属于（　　）。
  A. 变质性炎　　　　　　　　　B. 化脓性炎
  C. 卡他性炎　　　　　　　　　D. 出血性炎
  E. 浆液纤维素性炎
（5）风湿性心肌炎的病变特征是（　　）。
  A. 心肌细胞变性、坏死　　　　B. 心肌间质水肿
  C. 间质弥漫性淋巴细胞浸润　　D. 间质多灶性中性粒细胞浸润
  E. 间质中出现风湿小体

学习效果分析

内容	优秀 ≥90%	良好 80%~89%	一般 60%~79%	需要加油 <60%
项目测试				
项目实践				
自我反思				

第四节　慢性阻塞性肺疾病、肺源性心脏病

  慢性阻塞性肺疾病（COPD）是一种慢性不可逆性气道阻塞、呼气阻力增加和肺功能不全为共同特征的肺疾病的总称，包括慢性支气管炎、支气管哮喘、支气管扩张症和肺气肿等。

项目一　慢性支气管炎

【学习目标】

（1）会叙述慢性阻塞性肺疾病的概念。
（2）会解释慢性支气管炎的概念，并能说出慢性支气管炎的主要临床特征。
（3）能描述出慢性支气管炎的病理变化，并能解释慢性支气管炎主要临床表现。

【理论学习】

慢性支气管炎是指发生于气管、支气管黏膜及其周围肺组织的慢性非特异性炎症性疾病，是一种常见病和多发病，好发于中老年人。临床诊断标准：反复发作的咳嗽、咳痰或伴有喘息症状，每年至少持续3个月，连续两年以上。

一、病因和发病机制

1. 感染因素

呼吸道感染是慢性支气管炎发病和加重的重要原因，鼻病毒、腺病毒和呼吸道合胞病毒是主要的致病病毒，肺炎球菌、流感嗜血杆菌、肺炎克雷伯杆菌是导致慢性支气管炎急性发作的主要致病菌。

2. 理化因素

吸烟对慢性支气管炎的发病起重要作用，香烟烟雾中的有害物质能损伤呼吸道黏膜，还可刺激小气道产生痉挛。工业烟雾、粉尘等造成的大气污染与慢性支气管炎的发生有明显的因果关系。

3. 过敏因素

喘息型患者多有过敏史。

二、病理变化

1. 纤毛及黏膜上皮的改变

纤毛粘连、倒伏甚至脱落，上皮细胞变性、坏死脱落，再生上皮中杯状细胞增多，并发生鳞状上皮化生。

2. 腺体的改变

大气道黏液腺增生肥大、浆液腺发生黏液化，小气道黏膜上皮杯状细胞增多。炎症后期，黏膜变薄，腺泡萎缩、消失，气道内黏液分泌减少。

3. 支气管壁的改变

早期支气管壁充血、水肿，淋巴细胞和浆细胞浸润。晚期支气管壁平滑肌、弹力纤维及软骨萎缩、破坏，发生纤维化、钙化，甚至骨化。

三、临床病理联系

黏膜因受炎症刺激及黏液分泌增多，出现咳嗽、咳痰的症状，痰液一般为白色黏液泡沫状。急性发作期伴细菌感染，咳嗽加剧，出现黏液脓性痰。支气管痉挛或狭窄、黏液和渗出物阻塞气道，常致喘息。双肺听诊可闻及哮鸣音，干、湿性啰音。疾病晚期，患者因支气管黏膜和腺体萎缩，分泌物减少而表现为干咳。

【学习小结】

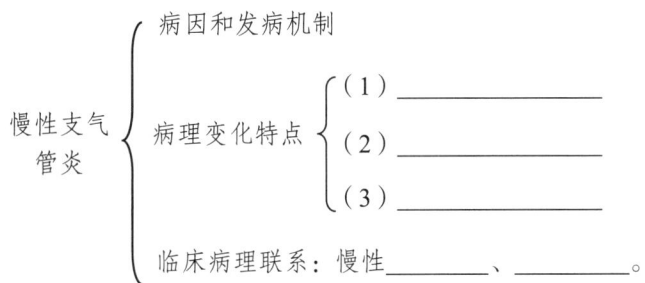

【项目实训】

案例分析：

患者，男，65岁，咳嗽、咳痰20余年，每年秋冬季节明显，且持续3～4月。近1周来咳嗽加重，伴发热。临床检查：体温38 ℃，脉搏116次/min，呼吸32次/min，血压130/75 mmHg，双肺可闻及湿啰音。初步诊断：慢性支气管炎急性发作。

问题：

（1）患者的疾病特征有哪些？

（2）"20余年咳嗽、咳痰"与"慢性支气管炎"诊断之间是何关系？

【项目测试】

1. 填空题

（1）慢性阻塞性肺疾病是一种_____、_____和_____为共同特征的肺疾病的总称。包括_____、_____、_____和_____。

（2）慢性支气管炎患者的临床特征有反复发作的_____、_____或伴有_____，每年持续约____个月，连续____年以上。

2. 单项选择题

（1）下列不属于慢性阻塞性肺疾病的是（　　）。
　　A. 硅肺　　　　　　　　　　B. 慢性支气管炎
　　C. 肺气肿　　　　　　　　　D. 支气管哮喘
　　E. 支气管扩张症

（2）慢性支气管炎伴哮喘的主要因素是（　　）。
　　A. 支气管黏膜内杯状细胞增多　　B. 支气管黏膜水肿

C. 支气管壁平滑肌痉挛　　　　　D. 支气管腔内黏液增多
　　　E. 支气管管壁炎细胞浸润
（3）慢性支气管炎的主要病变不包括（　　）。
　　　A. 黏膜上皮纤毛脱落、倒伏　　　B. 上皮鳞状细胞化生
　　　C. 黏液腺肥大　　　　　　　　　D. 管壁淋巴细胞、浆细胞浸润
　　　E. 可见病毒包涵体
（4）慢性支气管炎咳嗽、咳痰的病理基础是（　　）。
　　　A. 支气管黏膜上皮鳞化　　　　　B. 肺泡壁破坏
　　　C. 支气管黏膜上皮增生及分泌亢进　D. 支气管黏膜上皮纤毛倒伏脱落
　　　E. 支气管扩张、炎性分泌物滞留

项目二　肺气肿

【学习目标】

（1）会叙述肺气肿的概念。
（2）能熟练说出肺气肿的发病基础。
（3）能够运用所学知识分析慢性阻塞性肺疾病的临床病理联系，并在临床上根据病变特点推断病人病情发展，做好护理。

【理论学习】

　　肺气肿是指末梢肺组织（呼吸性细支气管、肺泡管、肺泡囊和肺泡）因持续性含气量增加而过度扩张，肺组织弹性减弱并伴有肺泡间隔破坏，导致肺体积膨大、通气功能降低的一种疾病状态，是支气管和肺部疾病最常见的并发症。

一、病因和发病机制

1. 阻塞性通气障碍

　　阻塞性通气障碍主要见于慢性支气管炎。慢性支气管炎一方面使小支气管和细支气管壁结构破坏；另一方面黏液分泌增多和黏液栓形成，进一步加剧小气道通气阻力，肺排气不畅，残气量过多。

2. 呼吸性细支气管壁和肺泡壁弹性降低

　　长期的慢性炎症，破坏大量弹力纤维，使细支气管和肺泡壁的回缩力减弱；阻塞性

肺通气障碍使细支气管和肺泡长期处于高张力状态，弹性降低，使残气量进一步增加。

3. α_1-抗胰蛋白酶水平降低

α_1-抗胰蛋白酶对弹性蛋白酶有抑制作用，炎症时白细胞释放的氧自由基可使 α_1-抗胰蛋白酶失活，弹性蛋白酶活性增强，破坏肺组织结构，使肺泡回缩力减弱。

二、病理变化

肉眼观：肺显著膨大，边缘钝圆，色泽灰白；肺组织柔软而弹性差，表面常可见肋骨压痕。镜下观：肺泡扩张，间隔变窄，肺泡孔扩大，肺泡间隔断裂，扩张后的肺泡融合成大的囊腔，肺毛细血管床明显减少，肺小动脉内膜呈纤维性增厚。小支气管和细支气管可见慢性炎症改变。

三、临床病理联系

患者常因阻塞性通气障碍而出现呼吸困难、气促、胸闷、发绀等缺氧症状。严重者，因长期过度通气使患者胸廓前后径增大，肋间隙增宽，横膈下降，形成"桶状胸"。因肺容积增大，X线检查见肺野扩大、透亮度增加。

【学习小结】

肺气肿
- 病因和发病机制：主要见于_____。
- 病理变化特点
  - 肉眼：_____。
  - 镜下：_____。
- 临床病理联系：_____。

【项目实训】

观察病理组织切片，绘制肺气肿的镜下图，并标注病变特征。

【项目测试】

单项选择题

关于肺气肿的描述，下列正确的是（　　）。

A. 积极治疗可以痊愈　　　　　　　B. 仅限于肺泡弹性减退与膨胀

C. α_1-抗胰蛋白酶水平增加已发生肺气肿　　D. 其病理改变是不可逆的

E. 肺功能改变主要是肺活量减少

项目三　肺源性心脏病

【学习目标】

（1）会解释慢性肺源性心脏病的概念。
（2）能熟练说出慢性肺源性心脏病的发病原因，并会解释其发生机制。

【理论学习】

慢性肺源性心脏病，简称肺心病，是因慢性肺疾病、肺血管及胸廓病变引起的肺循环阻力增加，肺动脉压升高而导致的以右心室壁肥厚和心腔扩大为主要特征的心脏病。本病在我国常见，发病率近0.5%，北方地区最常见，多在寒冷季节发病。患者年龄多在40岁以上，且随年龄增长发病率增高。

一、病因和发病机制

1. 肺疾病

最常引起肺心病的是慢性阻塞性肺疾病，其中以慢性支气管炎并发阻塞性肺气肿最常见，其次为支气管哮喘、支气管扩张症、肺尘埃沉着病、慢性纤空洞型肺结核和肺间质纤维化等。此类疾病因阻塞性通气障碍及肺气血屏障破坏使气体交换面积减少，导致肺泡气氧分压降低。而缺氧引起肺小动脉痉挛，更增大了肺循环阻力而使肺动脉压升高。

2. 胸廓运动障碍性疾病

严重的脊柱弯曲、类风湿关节炎、胸膜广泛粘连及其他严重的胸廓畸形均可使胸廓活动受限而引起限制性通气障碍。

3. 肺血管疾病

原发性肺动脉高压症及广泛或反复发生的肺小动脉栓塞可直接引起肺动脉高压，导致肺心病。

二、病理变化

1. 肺部病变

除原有病变外，还有肺小动脉中膜增生、肥厚，肺小动脉炎，肺小动脉弹力纤维及胶原纤维增生，肺泡间隔毛细血管数量减少。

2. 心脏病变

右心室肥厚，心腔扩张，心脏重量增加。常以肺动脉瓣下 2 cm 处右心室前壁肌层厚超过 5 mm 为肺心病的病理形态诊断标准。镜下见心肌肥大，核大深染，也可见心肌萎缩、肌浆溶解、胶原增生等改变。

三、病理临床联系

肺心病患者除有肺疾病的表现外，主要有心悸、气急、颈静脉怒张、肝大、下肢水肿和浆膜腔积液等右心衰竭的症状和体征。此时，若伴有严重呼吸道感染可并发呼吸衰竭，引起肺性脑病。肺性脑病是肺心病的首要死亡原因。

【学习小结】

慢性肺源性心脏病
- 概念：_____。
- 病因：_____最常见。
- 病理变化
  - 肺部病变：_____。
  - 心脏病变：_____。
- 临床病理联系：_____。

【项目实训】

案例分析：

患者，男，62 岁，慢性咳嗽、咳痰 17 年，痰多呈白色黏液状，有时为黄色脓痰。近 2 个月来，明显感到气急、胸闷和呼吸困难。体格检查：颈静脉充盈，桶状胸，肝大，腹水，双下肢凹陷性水肿。X 线检查：肺部透光度增加，膈肌下降，心影明显增大。

问题：

（1）患者患有哪些疾病？

（2）试描述患者肺、肝脏的病变特点。

【项目测试】

1. 填空题

慢性肺源性心脏病是肺或肺血管等疾病引起_____而导致_____和_____为特征的心脏病。

2. 单项选择题

（1）慢性肺源性心脏病最常见的病因是（　　）。
　　A. 慢性阻塞性肺疾病　　　　　　B. 支气管扩张
　　C. 肺动脉硬化　　　　　　　　　D. 肺结核
　　E. 脊柱侧弯

（2）慢性肺源性心脏病的心脏病变特点是（　　）。
　　A. 左心房肥厚、扩张　　　　　　B. 左心室肥厚、扩张
　　C. 右心房肥厚、扩张　　　　　　D. 右心室肥厚、扩张
　　E. 左右心房及心室均肥厚、扩张

（3）诊断右心室肥大的主要形态学标准是（　　）。
　　A. 心脏增大　　　　　　　　　　B. 心尖钝圆
　　C. 右心室扩张　　　　　　　　　D. 肺动脉圆锥膨隆
　　E. 肺动脉瓣下 2 cm 处右心室壁厚度超过 5 mm

项目学习效果分析

内容	优秀 ≥90%	良好 80%~90%	一般 60%~79%	需要加油 <60%
项目测试				
项目实践				
自我反思				

第五节　肺　炎

　　肺炎通常指肺的急性渗出性炎症，是呼吸系统的常见病和多发病。根据病变部位肺炎可分为大叶性肺炎、小叶性肺炎和间质性肺炎。

项目一　大叶性肺炎

【学习目标】

（1）会叙述大叶性肺炎的概念。
（2）熟知大叶性肺炎的病因、发病机制。

（3）能够运用所学知识分析肺炎的临床病理联系，并在临床上根据病变特点推断病人病情发展，做好护理。

（4）具备良好的职业道德和敬业精神，尊重患者。

【理论学习】

大叶性肺炎是主要由肺炎链球菌引起的以肺泡内弥漫性纤维素渗出为主的炎症。临床上起病急骤，寒战高热，咳嗽、咳铁锈色痰和呼吸困难为特征表现，多见于青壮年。

一、病因和发病机制

大叶性肺炎90%以上是由肺炎链球菌引起。当受寒、醉酒、疲劳和麻醉等时，机体抵抗力降低，呼吸道的防御功能减弱，细菌侵入肺泡而发病。

二、病理变化和临床病理联系

大叶性肺炎的主要病理变化为肺泡内的纤维素性炎，常发生于单侧肺，多见于左肺或右肺下叶。典型经过分为四期（见表6-1）。

表6-1 大叶性肺炎的病理变化特点及临床表现

分期	时间	病理变化		临床表现
		肉眼	镜下	
充血水肿期	第1~2天	病变肺叶充血肿胀，暗红色，切面挤压可见淡红色浆液溢出	肺泡壁毛细血管扩张充血，肺泡腔内渗出大量浆液、少量红细胞、中性粒细胞和巨噬细胞	毒血症表现；咳嗽，咳粉红色泡沫痰
红色肝样变期	第3~4天	病变肺叶肿胀，暗红色，质实如肝	肺泡壁毛细血管扩张充血，肺泡腔充满大量纤维素和红细胞、少量中性粒细胞和巨噬细胞，纤维素交织成网	呼吸困难和发绀等缺氧症状，肺实变体征，铁锈色痰；波及胸膜出现胸痛，随呼吸和咳嗽加重
灰色肝样变期	第5~6天	病变肺叶肿胀，充血消退，灰白色，质实如肝	肺泡壁毛细血管受压闭塞，肺泡腔内充满纤维素网，网眼中有大量中性粒细胞	基本同红色肝样变期，缺氧有所改善，症状减轻。铁锈色痰逐渐转为黏液脓痰
溶解消散期	1周左右	病灶消失，肺质地变软，渐正常	肺泡腔内纤维素溶解消失，肺泡重新充气	体温下降至正常，症状、体征渐减轻

三、并发症

1. 肺肉质变

由于肺泡腔内渗出的中性粒细胞过少,释放的蛋白溶解酶不足以溶解肺泡腔内渗出的纤维素,大量纤维素被肉芽组织取代而发生机化,使病变肺组织呈褐色肉样,称为肺肉质变。

2. 肺脓肿及脓胸

当细菌毒力强而机体的抵抗力低下时,尤其又合并金黄色葡萄球菌感染者,易并发肺脓肿、脓胸。

3. 败血症或脓毒败血症

严重感染时,细菌侵入血液大量繁殖并产生毒素所致。

4. 感染性休克

见于重症病例,是大叶性肺炎的严重并发症,主要表现为循环衰竭及全身中毒症状,死亡率较高。

【学习小结】

大叶性肺炎 {
概念:_____。
病变特点:_____、_____、_____、_____四期。
临床表现:咳嗽、咳_____痰、呼吸困难、胸痛等。
合并症:_____、_____、_____、_____。
}

【项目实训】

(1) 观察大叶性肺炎的病理切片,并绘制镜下图,标注病变特点。

(2) 案例分析:

患者,男,29岁,酗酒后遭雨淋,第2天寒战、高热,继而出现胸痛、胸闷、咳嗽、咳铁锈色痰,不能平卧,急诊入院。X线检查右肺下叶见大片密度增高的阴影,诊断为大叶性肺炎。抗生素治疗,明显缓解。入院一周后自感无症状出院。半年后征兵体检,发现左肺下叶有约 3 cm×2 cm 大小的"肿块"。

问题:

(1) 患者酗酒、淋雨与患大叶性肺炎之间有关系吗?请用病理学知识解释患者的临床表现。

(2) 对于在征兵体检时发现的左肺下叶"肿块"的考虑,就你所学,可能是什么病变?

【项目测试】

1．填空题

（1）大叶性肺炎是以_____渗出为主。

（2）大叶性肺炎的主要致病菌是_____。

（3）大叶性肺炎的特征性病变可分为_____、_____、_____、_____四期，其中_____期病人有铁锈色痰，_____期病人缺氧最严重。

2．单项选择题

（1）大叶性肺炎好发于（　　）。

    A．儿童　　　　　　　　　　B．青年

    C．老年　　　　　　　　　　D．体弱多病者

    E．久病卧床者

（2）患者出现寒战、高热、胸痛、咳嗽、咳铁锈色痰时，最有可能是（　　）。

    A．小叶性肺炎　　　　　　　B．干酪样肺炎

    C．大叶性肺炎　　　　　　　D．转移性肿瘤

    E．间质性肺炎

（3）肺肉质变的发生主要是由于（　　）。

    A．渗出的中性粒细胞数量少或功能缺陷　　B．患者全身免疫功能低下

    C．感染的细菌数量过多或毒力过强　　D．胶原纤维大量增生

    E．单核巨噬细胞系统功能亢进

（4）大叶性肺炎属于（　　）。

    A．出血性炎　　　　　　　　B．纤维蛋白性炎

    C．化脓性炎　　　　　　　　D．浆液性炎

    E．肉芽肿性炎

（5）下列关于大叶性肺炎的描述哪项是错误的？（　　）

    A．多由细菌感染引起　　　　B．以中性粒细胞渗出为主的炎症

    C．不破坏肺泡壁结构　　　　D．病变多从肺泡开始

    E．患者常有胸痛及咳铁锈色痰

（6）下列哪项不符合大叶性肺炎的特点？（　　）

    A．多由肺炎球菌感染引起　　B．多见于青壮年

    C．属于纤维蛋白性炎　　　　D．破坏小支气管壁和肺泡壁结构

    E．患者可咳出铁锈色痰

（7）下列哪项描述不符合大叶性肺炎？（　　）

    A．多由肺炎球菌引起　　　　B．可继发肺脓肿

    C．属浆液性炎　　　　　　　D．肺泡炎症为主

    E．可继发肺肉质变

（8）大叶性肺炎渗出物吸收清除不完全，可致（　　）。

A. 肺大疱 B. 肺源性心脏病
C. 脓胸 D. 中毒性肺炎
E. 肺肉质变

项目二　小叶性肺炎

【学习目标】

（1）会叙述小叶性肺炎的概念。
（2）能归纳大、小叶性肺炎之间的异同点。
（3）能够运用所学知识分析小叶性肺炎的临床病理联系，并在临床上根据病变特点推断病人病情发展，做好护理。

【理论学习】

小叶性肺炎是发生在以细支气管为中心，并累及周围肺组织的急性化脓性炎症，又称支气管肺炎，主要由化脓性细菌感染所致，多见于小儿、年老体弱及久病卧床者。

一、病因及发病机制

小叶性肺炎主要由化脓性细菌感染所致。当患传染病或营养不良、恶病质、昏迷、麻醉和手术后等因素使机体抵抗力下降，呼吸系统防御功能受损，细菌侵入无菌的细支气管及末梢肺组织生长繁殖，引起小叶性肺炎。

二、病理变化

1. 肉眼观察

病变散在分布，以肺下叶和背侧多见。病灶大小不等，直径多在 1 cm 左右，形状不规则，灰黄、质实，病灶中央常可见病变细支气管的横断面。严重病例可见病灶相互融合成片，形成融合性小叶性肺炎。

2. 镜下观察

典型的小叶性肺炎病灶以细支气管为中心，并累及周围所属肺泡，病灶内的细支气管壁及所属肺泡充血水肿，腔内出现较多中性粒细胞、脱落的上皮细胞及少量红细胞。病灶周围肺组织充血、浆液渗出，部分肺泡过度扩张呈代偿性肺气肿。严重时相互融合，呈片状分布。

三、临床病理联系

（1）发热、咳嗽和咳痰：最常见的症状。
（2）肺实变体征：病变常呈小灶性分布，故肺实变体征不明显。
（3）湿性啰音。
（4）胸部 X 线检查：可见肺内散在不规则小片状或斑点状模糊阴影。

四、结局和并发症

治疗多可以痊愈。婴幼儿、年老体弱者，特别是并发其他严重疾病者，预后较差。常见的并发症有呼吸功能不全、心力衰竭、脓毒血症、肺脓肿及脓胸等。

【学习小结】

小叶性肺炎 { 概念：＿＿＿＿＿＿＿＿＿＿＿＿＿＿＿。
病变特点：主要渗出物＿＿＿＿＿＿＿＿。
合并症：＿＿＿＿、＿＿＿＿、＿＿＿＿、＿＿＿＿等。

【项目实训】

案例分析：

患儿，男，3 岁。因咳嗽、咳痰、气喘 9 天、加重 3 天入院。体格检查：体温 39 ℃，脉搏 165 次/min，呼吸 30 次/min。患者呼吸急促、面色苍白，口周围青紫，神萎，鼻翼扇动。两肺背侧下部可闻及湿性啰音。心率 165 次/min，心音钝，心律齐。实验室检查血常规：白细胞 $24×10^9$/L；分类：中性粒细胞 0.83，淋巴细胞 0.17。X 线胸片：左右肺下叶可见灶状阴影。

临床诊断：小叶性肺炎、心力衰竭。入院后曾用抗生素及对症治疗，但病情逐渐加重，治疗无效死亡。

尸检摘要：左右肺下叶背侧实变，切面可见粟粒大散在灰黄色病灶。有处病灶融合成蚕豆大，边界不整齐，略突出于表面，镜下病变呈灶状分布，病灶中可见细支气管管壁充血并有嗜中性粒细胞浸润，管腔中充满大量中性粒细胞及脱落的上皮细胞。病灶周围的肺泡腔内可见浆液和炎细胞。

问题：
（1）试说明该患儿的病理诊断是什么？患儿的死因是什么？
（2）根据病理变化解释临床出现的咳嗽、咳痰、呼吸困难、发绀、湿性啰音及 X 线影像等表现。

【项目测试】

单项选择题
（1）小叶性肺炎的病变性质是（　　　）。
　　A. 浆液性炎　　　　　　B. 化脓性炎
　　C. 纤维素性炎　　　　　D. 卡他性炎
　　E. 增生性炎
（2）小叶性肺炎的并发症为（　　　）。
　　A. 肺心病　　　　　　　B. 肺脓肿
　　C. 纤维素性胸膜炎　　　D. 肺气肿
　　E. 蜂窝肺

项目三　间质性肺炎

【学习目标】

（1）会叙述间质性肺炎的概念。
（2）能够运用所学知识分析间质性肺炎的临床病理联系，并在临床上根据病变特点推断病人病情发展，做好护理。

【理论学习】

间质性肺炎是指发生在肺间质的非化脓性炎症，多由病毒和肺炎支原体所引起。病变主要在支气管、细支气管和血管周围及小叶间隔的结缔组织内，以充血、水肿、单核细胞及淋巴细胞浸润等改变为主。

一、病毒性肺炎

病毒性肺炎是由上呼吸道病毒感染向下蔓延所致，可发生于任何年龄，儿童多见。

1. 病理变化

肉眼观察：病变常不明显，病变肺组织充血、水肿，体积轻度增大。镜下观察：可见肺泡间隔明显增宽，间质充血、水肿，单核细胞、淋巴细胞浸润，肺泡腔内仅有少量浆液。严重病例，肺泡壁充血、水肿，甚至坏死。细支气管上皮和肺泡上皮可增生、肥大，并形成多核巨细胞。在增生的上皮细胞和多核巨细胞内可见病毒包涵体。检见病毒包涵体是病理组织学诊断病毒性肺炎的重要依据。

2. 临床病理联系

可出现发热及全身中毒症状、剧烈咳嗽、呼吸困难、发绀、呼吸衰竭和心力衰竭等。

二、支原体肺炎

支原体肺炎是由肺炎支原体引起的一种间质性肺炎。儿童和青少年发病率较高，秋、冬季发病较多，主要经飞沫传播。病灶常呈节段性分布，多累及一个肺叶，下叶多见。患者起病较急，多有发热、头痛、咽喉痛等症状。听诊可闻及干、湿性啰音，胸部X线检查显示节段性纹理增粗及网状或斑片状阴影。本病可由患者痰液、鼻分泌物及咽拭子培养出肺炎支原体而诊断。大多支原体肺炎预后良好。

【学习小结】

间质性肺炎 { _____肺炎，由_____感染引起。
              _____肺炎，由_____感染引起。

【项目实训】

小组讨论：大叶性肺炎、小叶性肺炎、间质性肺炎的区别（提示：从病因、发病人群、炎症的类型、病变范围、病变特点、预后等方面讨论）。

【项目测试】

填空题

间质性肺炎多由_____和_____所引起。

项目学习效果分析

内容	优秀	良好	一般	需要加油
	≥90%	80%～90%	60%～79%	<60%
项目测试				
项目实践				
自我反思				

第六节 消化性溃疡病

项目一 概 述

【学习目标】

(1) 能够熟练陈述消化性溃疡的发病特点。
(2) 能熟练说出消化性溃疡的病因,并会解释其发病机制。

【理论学习】

消化性溃疡病是指以胃或十二指肠黏膜形成慢性溃疡为主的一种常见病。因其发生与胃液的自我消化作用有关,故称为消化性溃疡病。临床上多见于成年人,男性多于女性,十二指肠溃疡较胃溃疡多见。

一、病因与发生机制

消化性溃疡病的病因和发病机制复杂,尚未完全清楚。目前认为与以下因素有关。

1. 幽门螺杆菌的感染

大量研究表明,幽门螺杆菌在溃疡病的发病机制中具有重要的作用。幽门螺杆菌主要通过释放细菌型血小板激活因子、尿素酶、蛋白酶和磷酸酯酶及趋化中性粒细胞等,破坏黏膜防御屏障,损伤胃黏膜及血管内皮诱发溃疡。

2. 黏膜的抗消化能力降低

胃、十二指肠黏膜屏障功能的破坏致胃黏膜抗消化能力降低是胃或十二指肠黏膜组织被胃酸和胃蛋白酶消化而形成溃疡的重要原因。引起黏膜屏障功能破坏的因素有幽门螺杆菌的感染、长期服用非固醇类抗炎药物如阿司匹林等、吸烟、精神过度紧张、受寒和不良饮食习惯等。

3. 胃液的自我消化作用

多年研究证明,溃疡病的发病是胃和十二指肠局部黏膜组织被胃酸和胃蛋白酶腐蚀消化的结果。

4. 其他因素

溃疡病有家族性高发倾向,血型为"O"型的人发病率高于其他血型1.5～2倍,说明溃疡病的发生也可能与遗传因素有关。

【学习小结】

消化性溃疡（概述）
- 发病特点：① 男___女；② 十二指肠溃疡_____胃溃疡。
- 病因：_____、_____、_____、_____。
- 发病机制

【测试项目】

单项选择题

（1）与消化性溃疡发病有关的细菌为（　　）。
- A. 幽门螺杆菌
- B. 白色念珠菌
- C. 葡萄球菌
- D. 链球菌
- E. 大肠杆菌

（2）溃疡病的发生与下列哪项因素无关？（　　）
- A. 长期服用非类固醇抗炎药
- B. 长期精神紧张
- C. 胃黏膜屏障防御功能的破坏
- D. 高钠盐饮食
- E. 幽门螺杆菌感染

项目二　病理变化及病理临床联系

【学习目标】

（1）能熟练描述消化性溃疡的病理变化特点。
（2）会解释消化性溃疡的病理临床联系，并能够估计病人的预后。
（3）能够运用所学知识分析消化性溃疡病。
（4）能熟练区分胃溃疡与十二指肠溃疡的病理变化特点和临床特征。

【理论学习】

一、病理变化特点

胃溃疡与十二指肠溃疡病变改变大致相同（见表6-2）。

表 6-2 胃溃疡与十二指肠溃疡的区别

特 点	胃溃疡	十二指肠溃疡
发生部位	胃小弯近幽门处，胃窦处多见	十二指肠球部，前壁或后壁多见
大小	直径<2 cm	直径<1 cm
形状	单个圆形或椭圆形缺损	
溃疡边缘	整齐，状如刀切	
溃疡周围	黏膜皱襞呈放射状	
溃疡底部	平坦、干净	
溃疡深度	深达肌层甚至浆膜层	较浅且易愈合
镜下观察	① 炎性渗出层：少量炎性渗出物（白细胞、纤维素等）覆盖； ② 坏死组织层：为均匀红染的无结构坏死组织； ③ 肉芽组织层：新生毛细血管、成纤维细胞及炎性细胞等构成； ④ 瘢痕组织层：大量胶原纤维和少量纤维细胞等构成	

二、病理临床联系

1. 周期性上腹部疼痛

由于溃疡病胃液中的胃酸刺激溃疡局部的神经末梢所致，也与胃壁平滑肌痉挛有关系。消化性溃疡患者以长期性、周期性、节律性上腹部疼痛为临床特征，常表现为烧灼痛、钝痛或饥饿痛，且与饮食有明显关系。一般胃溃疡表现为餐后1~2小时疼痛最明显的"饱痛"；十二指肠溃疡病表现为半夜疼痛发作的"饿痛"，与迷走神经兴奋性增高有关，进食后有所缓解。

2. 反酸、嗳气、上腹部饱胀感

与幽门括约肌痉挛，胃逆蠕动，以及早期幽门狭窄，胃内容物排空受阻，滞留在胃内的食物发酵等因素有关。

3. X线钡餐检查

溃疡处钡餐造影可见龛影。

三、结局及并发症

1. 愈 合

若溃疡表层渗出物及坏死组织逐渐被吸收、排除，由底部的肉芽组织形成瘢痕组织充填修复；同时周围黏膜上皮再生覆盖溃疡面而愈合。

2．并发症

（1）出血：约有 1/3 的病人发生，是消化性溃疡最常见的并发症。轻者胃溃疡底部毛细血管破裂，出现大便潜血。较大血管被腐蚀破坏可引起大出血，临床表现为呕血及柏油样大便，严重者可发生失血性休克而危及生命。

（2）穿孔：约5%的病人发生。溃疡穿透浆膜层发生急性穿孔，使胃或十二指肠内容物进入腹腔引起急性弥漫性腹膜炎。临床上，十二指肠溃疡穿孔多于胃溃疡穿孔。

（3）幽门梗阻：约 3%的病人发生。溃疡处大量瘢痕组织形成并发生挛缩、充血、水肿、平滑肌痉挛性收缩所致不同程度的幽门梗阻，出现反复呕吐和水电解质紊乱。

（4）癌变：小于1%的胃溃疡经久治不愈而发生癌变，十二指肠溃疡几乎不发生癌变。

【学习小结】

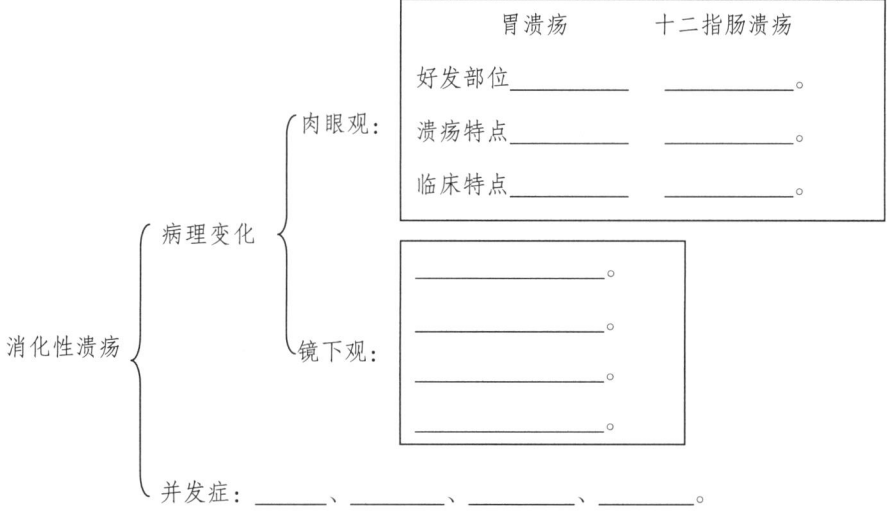

【项目实训】

（1）观察十二指肠溃疡及胃溃疡病的大体标本及病理切片，并试描述出其病理变化形态特点。

（2）案例分析：

患者，男，38 岁。突然上腹剧痛，并放射到肩部，呼吸时疼痛加重3小时，急诊入院。20 多年前开始上腹部疼痛，以饥饿时明显，伴反酸、嗳气，有时大便隐血（+）。每年发作数次，多在秋冬之交和春夏之交，或饮食不当时发作，服碱性药物缓解。5 年前疾病发作时解柏油样大便，人软，无力，进食后上腹痛加剧，伴呕吐，呕吐物为食物，经中药治疗后缓解。入院前3天自觉每天15～16时及22时上腹不适，未予注意。入院前3小时突然上腹部剧痛，放射到右肩部，面色苍白，大汗淋漓。

体格检查：脉搏110次/min，血压13.3/8 kPa。神清，呼吸浅快，心肺（-），腹壁紧张，硬如木板，全腹压痛，反跳痛。腹部透视：双膈下积气。临床诊断：十二指肠溃疡穿孔。急诊手术。行胃大部切除术。

问题：

① 你同意临床诊断吗？为什么？

② 若在病变处作一组织切片，镜下可见哪些病理变化？

③ 用病理学知识解释疾病发展过程中所出现的症状和体征。

【项目测试】

1．填空题

（1）光镜下，消化性溃疡由底部向溃疡表面依次分为_____、_____、_____、_____四层。

（2）消化性溃疡的并发症有_____、_____、_____、_____。

2．单项选择题

（1）有关胃溃疡病的描述，哪项是正确的？（　　）

　　A．好发于胃小弯近幽门处，直径在2 cm以内

　　B．好发于胃小弯近幽门处，直径在1 cm以内

　　C．好发于胃小弯近贲门处，直径在1 cm以内

　　D．好发于胃小弯近贲门处，直径在2 cm以内

　　E．好发于胃小弯近幽门处，溃疡周边不规则

（2）胃溃疡最常见的并发症是（　　）。

　　A．出血　　　　　　　　　　B．穿孔

　　C．梗阻　　　　　　　　　　D．癌变

　　E．粘连

（3）关于十二指肠溃疡的叙述，下列哪项是错误的？（　　）

　　A．溃疡为圆形或椭圆形　　　B．一般比胃溃疡小

　　C．比胃溃疡易穿孔　　　　　D．比胃溃疡易癌变

　　E．与胃溃疡相比，胃腺之壁细胞总数增多明显

（4）下列有关消化性溃疡说法错误的是（　　）。

　　A．胃溃疡比十二指肠溃疡多见　　B．O型血的患者多见

　　C．男性患者比女性患者多见　　　D．好发于青壮年

　　E．以上都不对

学习效果分析

内容	优秀 ≥90%	良好 80%~89%	一般 60%~79%	需要加油 <60%
项目测试				
项目实践				
自我反思				

第七节 病毒性肝炎

项目一 概 述

【学习目标】

（1）能够熟练说出病毒性肝炎的概念及病理类型。
（2）能熟练列举出病毒性肝炎的病毒类型及各型肝炎的主要传染途径。

【理论学习】

一、概 念

病毒性肝炎是指由肝炎病毒感染引起的，以肝细胞变性坏死为主要病变的一种常见传染病，具有传染性强、传播途径复杂、流行面广等特点。其炎症性质为变质性炎症。主要临床表现不同程度的食欲不振，厌油腻，乏力，肝大，肝区疼痛和肝功能障碍等。

二、病因、发病机制

1. 病 因

病因为肝炎病毒。目前已知的肝炎病毒有甲型（HAV）、乙型（HBV）、丙型（HCV）、丁型（HDV）、戊型（HEV）和庚型（HGV）6种，其病毒类型、潜伏期、传染途径不尽相同（见表6-3）。

表 6-3 各型肝炎病毒及特点

肝炎病毒	病毒类型	潜伏期(周)	传播途径
HAV	RNA	2~6	消化道
HBV	DNA	4~26	密切接触、输血、注射
HCV	变异的 RNA	2~26	密切接触、输血、注射
HDV	缺陷性 RNA	4~7	密切接触、输血、注射
HEV	RNA	2~8	消化道
HGV	RNA	不详	血液、血制品、性接触

2. 发病机制

各型肝炎病毒引起肝损伤的机制比较复杂，至今尚未完全阐明。HAV 并不直接损伤细胞，可能通过免疫机制导致肝细胞损伤。HBV 通过免疫损伤导致肝细胞坏死和凋亡。HCV 可直接破坏肝细胞。HDV 必须依赖 HBV 才能复制。

【学习小结】

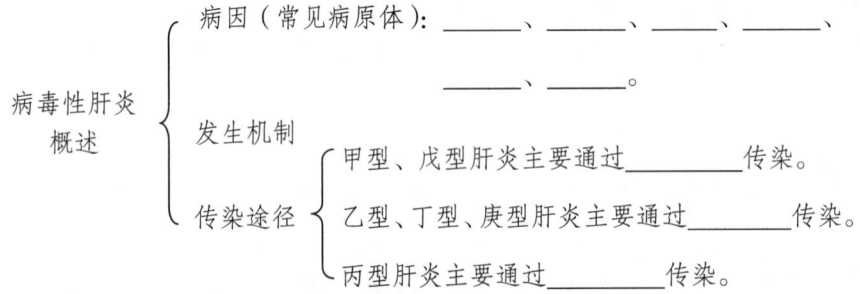

【项目实训】

小组讨论：在日常生活中，哪些情况下易感染乙型肝炎，举例说明。

【项目测试】

1. 填空题

目前已证实引起肝炎病毒有_____、_____、_____、_____、
_____、_____。

2. 单项选择题

（1）我国病毒性肝炎最常见的病原体是（　　）。
    A. HAV   B. HBV
    C. HCV   D. HDV
    E. HEV

（2）乙型肝炎病毒（HBV）的主要传播途径是（　　）。
    A. 经血传播   B. 经消化道传播
    C. 经呼吸道传播   D. 性传播
    E. 母婴传播

项目二　病理变化

【学习目标】

能够熟练描述病毒性肝炎的病理变化特点。

【理论学习】

不同类型的病毒性肝炎均以肝细胞的变性、坏死为主要病变，并有不同程度的炎细胞浸润、肝细胞的再生和纤维组织增生。

1. 肝细胞变性

常见有两种类型的变性。

（1）细胞水肿：是最常见的病变。光镜下见肝细胞体积增大，胞质半透明，疏松呈网状，称为胞质疏松化；若水分进一步增多，细胞高度肿胀呈球形，胞质几乎透明时，称为气球样变。

（2）嗜酸性变：一般仅累及单个或几个细胞，散在于肝小叶内。光镜下见肝细胞体积缩小，部分或全部胞质水分浓缩，嗜酸性增强，呈均匀致密的深红色，细胞核浓染。

2. 肝细胞坏死

（1）嗜酸性坏死：嗜酸性变进一步发展为单个肝细胞的坏死（即细胞凋亡），肝细胞体积更小，胞质愈加浓缩，嗜酸性更强，胞核破碎消失，均一深红色的胞浆聚成的圆形小体，称为嗜酸性小体，该小体常单个存在于肝细胞索中，也可脱落于肝窦内。

（2）溶解坏死：最常见，由气球样变的肝细胞发展而来，胞核固缩、碎裂，胞质溶

解。不同类型的病毒性肝炎按坏死的范围和分布不同分为四种类型（见表6-4）

表6-4 病毒性肝炎的坏死类型

类型	特点范围及分布	临床病理联系
点状坏死	仅累计单个或几个肝细胞的坏死	急性普通型肝炎 慢性肝炎（轻度）
碎片状坏死	肝小叶周边界板处坏死的肝细胞呈带片状或灶状联结状	慢性肝炎（中度）
桥接坏死	在中央静脉与汇管区之间，两个小叶中央静脉之间及两个汇管区之间的相互连接呈带状坏死	慢性肝炎（中度、重度）
大片坏死	几乎累及整个肝小叶的大范围肝细胞坏死	重型肝炎

3. 炎细胞浸润

病毒性肝炎时，在汇管区和肝小叶内的坏死区有数量不等的炎细胞浸润，主要为淋巴细胞和单核细胞，也可见少量中性粒细胞和浆细胞。

4. 肝细胞及小胆管再生

坏死的肝细胞由损伤周围的肝细胞通过分裂再生修复，再生的肝细胞体积较大，核染色加深，可有双核。如坏死严重，肝索的纤维支架塌陷，再生的肝细胞不能恢复原有结构，出现结节状再生。此外，细小胆管也可出现不同程度的增生。

5. 间质反应性增生

（1）星状（Kupffer）细胞增生：增生的细胞肥大，胞浆丰富，突出于窦壁或变为游走的吞噬细胞，吞噬坏死组织碎片或色素颗粒等。

（2）间叶细胞及成纤维细胞增生：存在于肝间质内的具有多向分化潜能的间叶细胞，在肝炎早期可增生分化，参与炎症反应；后期成纤维细胞可增生修复。若纤维组织大量增生，形成穿插于肝小叶内的纤维间隔，可导致肝硬化。

【学习小结】

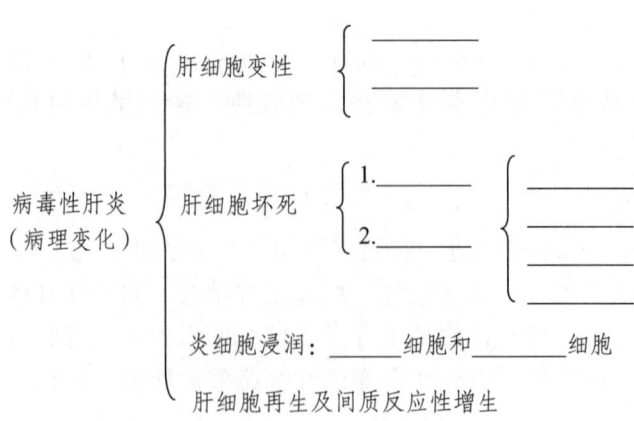

【实训项目】

观察病毒性肝炎的病理切片，并绘制其显微镜下图。

【测试项目】

1. 填空题

（1）病毒性肝炎的基本病理变化有_____、_____、_____和_____。

（2）肝细胞溶解性坏死根据坏死范围的大小可分为_____、_____、_____和_____坏死。

2. 单项选择题

（1）病毒性肝炎最常见的肝细胞变性是（　　）。
  A. 脂肪变性　　　　　　　　B. 细胞水肿
  C. 嗜酸性变　　　　　　　　D. 玻璃样变性
  E. 黏液样变性

（2）病毒性肝炎的病变性质属于（　　）。
  A. 变质性炎　　　　　　　　B. 渗出性炎
  C. 增生性炎　　　　　　　　D. 化脓性炎
  E. 卡他性炎

（3）急性普通型肝炎的肝细胞坏死类型主要是（　　）。
  A. 点状坏死　　　　　　　　B. 碎片状坏死
  C. 桥接坏死　　　　　　　　D. 大块坏死
  E. 以上都不对

（4）急性重型肝炎的肝细胞坏死类型是（　　）。
  A. 点状坏死　　　　　　　　B. 碎片状坏死
  C. 桥接坏死　　　　　　　　D. 大块坏死
  E. 以上都不对

项目三　病理临床联系

【学习目标】

（1）列举病毒性肝炎的临床病理类型。

（2）能够运用所学知识分析病毒性肝炎的临床病理联系，并在临床上根据病变特点推断病人病情发展，做好护理。

【理论学习】

一、急性（普通型）病毒性肝炎

最常见，分黄疸型和无黄疸型。我国以无黄疸型肝炎居多，其中大部分为乙型肝炎。

1. 病理变化

肉眼观察：肝脏肿大，质较软，表面光滑。镜下观察：以肝细胞广泛变性和点状坏死为特征。肝小叶结构完好，胞质疏松化乃至气球样变，可见嗜酸性变及嗜酸小体。汇管区及肝小叶内有轻度的炎细胞浸润，坏死处可见肝细胞再生。

2. 临床病理联系

临床上出现肝区肿大，疼痛或压痛。血清谷丙转氨酶（SGPT）升高，肝功能异常。

3. 结 局

大多可治愈，部分病例（乙型或丙型）可发展为慢性。

二、慢性病毒性肝炎

病程持续在半年以上者即为慢性肝炎。根据慢性肝炎的肝细胞坏死及纤维化程度，将其分为轻度、中度、重度三型（见表6-5）。

表 6-5 慢性病毒性肝炎的类型及病变特点

类型	肉眼观察	镜下观察
轻度慢性肝炎	肝大，表面光滑，质软或中等	肝细胞广泛变性，点状坏死，汇管区轻度碎片状坏死，慢性炎细胞浸润伴有纤维组织增生，肝小叶界板无破坏，小叶结构清楚
中度慢性肝炎	肝大，表面不光滑，细颗粒状	肝细胞广泛变性，中度碎片状坏死，出现特征性的桥接坏死，肝小叶界板无明显破坏，纤维间隔形成，小叶结构紊乱
重度慢性肝炎	肝表面颗粒状，质硬	肝细胞广泛变性，肝细胞桥接坏死累及范围广，汇管区重度碎片状坏死，小叶结构破坏，早期肝硬变形成

结局：晚期逐渐转为肝硬化。若发生新鲜的大片坏死，即转为重型肝炎。

三、重型病毒性肝炎

1. 急性重型肝炎

急性重型肝炎少见，起病急，病程短，病变迅速，死亡率高。

肉眼观察：肝体积显著缩小，尤以左叶为重，质量可减轻至 600～800 g（正常成人 1 300～1 500 g），质地柔软，被膜皱缩，切面呈黄色或红褐色，因而又称急性黄色肝萎缩或急性红色肝萎缩。

显微镜下：① 肝组织弥漫性大片溶解坏死，坏死面积超过肝实质的 2/3，肝索离散，肝细胞溶解。坏死常自肝小叶中央开始，迅速向四周扩张，仅小叶周边部残留少数变性肝细胞。残留的肝细胞无明显再生现象。② 肝窦明显扩张、充血、出血。③ Kupffer 细胞肥大增生，吞噬活跃。④ 坏死区和汇管区内可见淋巴细胞和巨噬细胞浸润。

2. 亚急性重型肝炎

亚急性重型肝炎病程较长，可达数周或数月。

肉眼观察：肝体积不同程度缩小，质量减轻，被膜皱缩，呈黄绿色，病程较长者可见大小不一的结节，质地略硬。切面可见坏死区（土黄色或褐红色）和小岛屿状结节交错。

显微镜下：① 肝细胞新旧不等地成片坏死，但范围较急性重型肝炎小，出现亚大片坏死（坏死累及肝小叶的 1/3～1/2）或桥接坏死。坏死区内网状支架塌陷并胶原化，纤维组织增生明显，存留的肝细胞再生，再生肝细胞因失去依托而呈不规则结节状，小叶结构紊乱。② 小叶内外有大量炎细胞浸润。③ 小叶周边部小胆管增生，有淤胆和胆栓形成。

【学习小结】

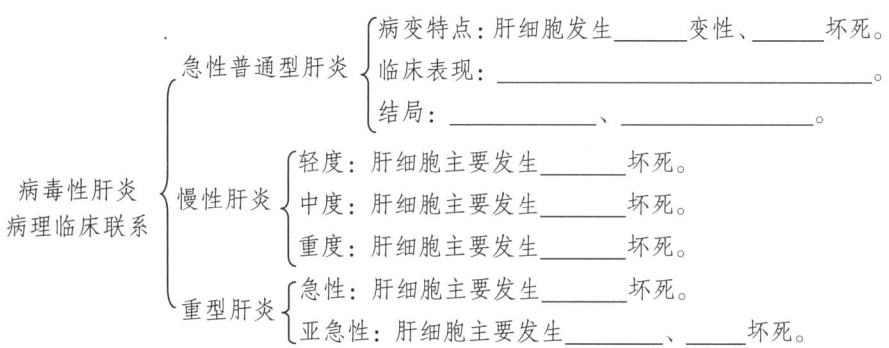

【项目实训】

案例分析：

患者，男，33 岁，全身乏力，食欲减退，恶心，厌油 2 个月，皮肤黄染 10 天。查见患者双侧巩膜及全身皮肤黄染，肝区叩击痛，肝肋下 4 cm，脾未触及。化验检查：白细胞 6.0×10^9/L，中性粒细胞 0.42，淋巴细胞 0.58，甲肝抗体（-），乙肝表面抗原（+），e 抗原（+），核心抗体（+）。

问题：
① 根据以上病史做出病理诊断。
② 用所学知识解释临床表现。

【项目测试】

1. 单项选择题

（1）急性重型肝炎的病变性质是（　　）。
  A. 以肝细胞变性为主的炎症　　B. 以肝细胞坏死为主的炎症
  C. 以肝细胞增生为主的炎症　　D. 以汇管区渗出为主的炎症
  E. 以汇管区增生为主的炎症

（2）桥接坏死常见于（　　）。
  A. 急性重型肝炎　　B. 慢性轻度肝炎
  C. 慢性重度肝炎　　D. 急性普通型肝炎
  E. 以上都不对

（3）急性普通型肝炎的病变特点是（　　）。
  A. 肝细胞广泛变性，点状坏死　　B. 肝细胞广泛变性，碎片状坏死
  C. 肝细胞广泛变性，桥接坏死　　D. 肝细胞广泛变性，大片坏死
  E. 以上都不对

学习效果分析

内容	优秀 ≥90%	良好 80%~89%	一般 60%~79%	需要加油 <60%
项目测试				
项目实践				
自我反思				

第八节　肝硬化

项目一　概　述

【学习目标】

（1）能够熟练陈述肝硬化的概念。

（2）能熟练列举出门脉性肝硬化发生的各种因素。

【理论学习】

1. 肝硬化的概念

肝硬化是由多种原因引起肝细胞弥漫性变性、坏死，继而出现纤维组织增生和肝细胞结节状再生，这三种病变反复交错进行而导致肝小叶结构破坏和肝血液循环途径改变，最终导致肝脏变形、变硬的一种常见的慢性肝脏疾病。本节主要讨论门脉性肝硬化。

2. 病因、发病机制

肝硬化病因及发病机制尚未完全清楚。多数研究表明，与门脉性肝硬化发生有关的因素如下。

（1）病毒性肝炎：是我国肝硬化的主要原因，尤其是乙型和丙型病毒性肝炎与肝硬化的发生有密切关系。

（2）慢性酒精中毒：长期酗酒是引起肝硬化的另一个重要因素，这在欧美一些国家更为突出。由于酒精在体内代谢过程中产生的乙醛对肝细胞有直接毒害作用，使肝细胞发生脂肪变性而逐渐发展为肝硬化。

（3）营养不良：如食物中长期缺乏蛋氨酸或胆碱类物质时，肝脏合成磷脂发生障碍，经脂肪肝逐渐发展成肝硬化。

（4）毒性物质中毒：许多毒性物质（如四氯化碳、磷、砷等）和一些药物（如辛可芬等）对肝脏有破坏作用，长期作用可致肝损伤而引起肝硬化。

【学习小结】

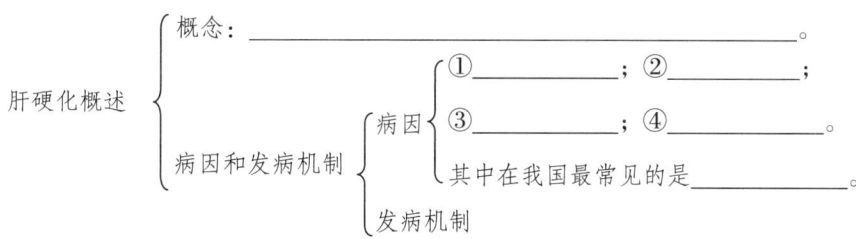

【项目实训】

小组讨论：用思维导图解释肝硬化的发生发展过程。

【项目测试】

单项选择题
我国肝硬化的主要原因是（　　　）。
　　A. 病毒性肝炎　　　　　　B. 慢性酒精中毒
　　C. 毒物、药物中毒　　　　D. 寄生虫感染
　　E. 营养不良

项目二　病理变化及病理临床联系

【学习目标】

（1）能描述肝硬化的病理变化特点。
（2）领会肝硬化的病理临床联系。

【理论学习】

一、病理变化

1. 肉眼观察

① 早期：肝体积可正常或稍增大，质量增加，质地正常或稍硬。② 晚期：肝体积明显缩小，被膜增厚，质量减轻，质地变硬；表面及切面呈弥漫全肝的小结节，结节大小较为一致，直径多在 0.15～0.5 cm，一般不超过 1 cm；切面见无数圆形或类圆形岛屿状小结节，其大小与表面的结节一致，结节周围有灰白色纤维组织条索或间隔包绕，纤维间隔较窄，厚薄比较均匀。

2. 镜下观察

正常的肝小叶结构破坏，被假小叶所取代，是肝硬化重要的形态标志。假小叶是指由广泛增生的纤维组织分割原来的肝小叶并包绕成大小不等的圆形或类圆形的肝细胞团。假小叶的特征：① 肝细胞排列紊乱，可有不同程度的变性、坏死及再生。再生的肝细胞体积大，核大且深染，或有双核；② 中央静脉常缺如，偏位或增多；③ 有时汇管区也被包绕在假小叶内；④ 包绕假小叶的纤维间隔一般较薄，但宽窄比较一致，内有少量淋巴细胞和单核细胞浸润，并可见小胆管增生。

二、临床病理联系

1. 门脉高压症

由于肝内血管系统在肝硬化时被破坏改建引起。门静脉压力升高使门静脉所属器官的静脉血回流受阻,主要有以下表现:

(1)慢性淤血性脾大:脾脏大,质量一般增加到400~500 g(正常140~180 g),少数可达800~1 000 g。脾大可伴有脾功能亢进,血细胞破坏增多,患者表现有出血及贫血倾向。

(2)腹水:为淡黄色透明的漏出液,量较大时可致腹部明显膨隆。腹水形成的原因主要有:① 门静脉压力升高使门静脉系统的毛细血管流体静压升高,管壁通透性增大,液体漏入腹腔;② 肝细胞受损后,合成白蛋白减少导致低蛋白血症,使血浆胶体渗透压降低;③ 肝功能障碍,醛固酮、抗利尿激素灭火减少,血中水平升高,导致水钠潴留,促使腹水形成;④ 淋巴液回流不畅而经肝表面漏出。

(3)侧支循环形成:正常时腹腔脏器的静脉血液回流至门静脉,再回流至肝静脉,后回流入下腔静脉。门静脉压升高,使部分门静脉血不经肝脏而经门-体静脉吻合支直接通过上、下腔静脉回到右心。主要的侧支循环及其严重的并发症有:① 食管下段静脉丛曲张,在腹压升高或受粗糙食物磨损时,食管下段静脉曲张可发生破裂引起大出血,是肝硬化患者死亡的常见原因之一;② 直肠静脉丛曲张,形成痔核,破裂可出现便血,长期便血可引起贫血;③ 脐周腹壁浅静脉曲张,可出现"海蛇头"现象。

(4)胃肠道淤血、水肿:门静脉压力升高,胃肠静脉血回流受阻,导致胃肠道淤血、水肿。患者可出现食欲下降,消化不良,腹胀等症状。

2. 肝功能障碍

因肝细胞长期反复受损伤所致,主要表现肝功能不全的症状和体征。

(1)血浆蛋白变化:血浆白蛋白减少,血白/球蛋白比值下降或倒置。由于肝细胞受损,合成蛋白的功能降低,使血浆白蛋白减少,同时机体免疫系统合成球蛋白增多所致。

(2)出血倾向:主要是由于肝脏合成凝血因子减少所致,也与脾大、脾功能亢进破坏血小板过多有关。患者可有皮肤、黏膜或皮下出血。

(3)对激素的灭活作用减弱:由于肝对雌激素的灭活作用减弱,导致雌激素水平升高,体表的小动脉末梢扩张形成蜘蛛痣、肝掌。男性患者还可出现睾丸萎缩、乳腺发育,女性患者出现月经不调、不孕等。

(4)黄疸:主要与肝细胞坏死和毛细胆管淤胆有关。

(5)肝性脑病:是肝功能不全导致中枢神经系统功能障碍的一种合并症。是肝硬化最严重的后果,也是肝硬化患者死亡的又一重要原因。

【学习小结】

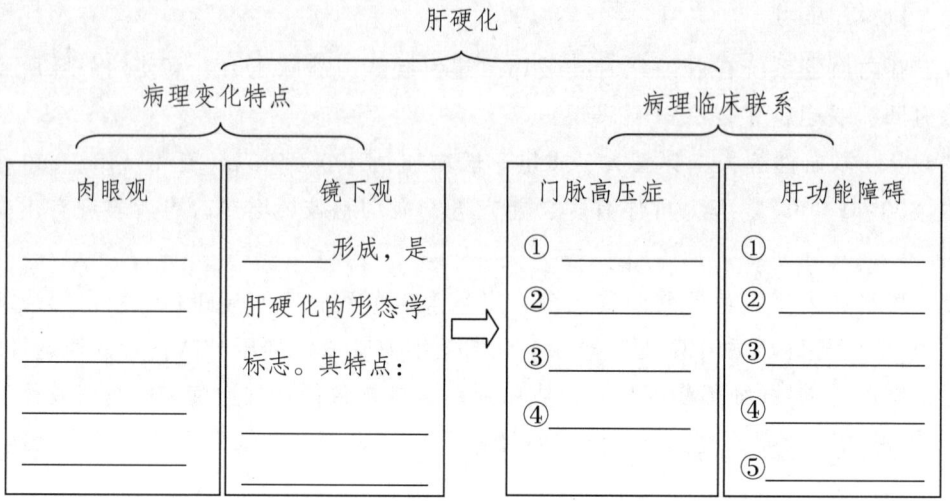

【项目实训】

（1）观察肝硬化的病理切片，指出门脉性肝硬化的镜下特点。

（2）案例分析：

患者，男，53岁。患乙型肝炎20余年，近3年出现贫血、巩膜轻度黄染，上胸部可见蜘蛛痣，B超示脾大，肝脏体积缩小，腹腔积液。

问题：

（1）该患者的病理诊断是什么？并说出诊断依据。

（2）用所学病理学知识解释其临床表现。

【项目测试】

1. 填空题

（1）门脉型肝硬化镜下观察特征性病变是形成_____。

（2）肝硬化门脉高压症的临床表现有：_____、_____、_____、_____。

2. 单选选择题

（1）下列哪项不属于门脉高压症的表现？（　　）

  A. 脾大   B. 腹水

  C. 肝掌   D. "海蛇头"现象

  E. 消化不良

（2）下列哪项不符合门脉高压的临床表现？（　　）

A. 脾大　　　　　　　　　　B. 胃肠道淤血
C. 蜘蛛痣　　　　　　　　　D. 腹水
E. 食管静脉曲张

学习效果分析

内容	优秀 ≥90%	良好 80%~89%	一般 60%~79%	需要加油 <60%
项目测试				
项目实践				
自我反思				

第九节　肾小球肾炎

项目一　概　述

【学习目标】

（1）能熟练说出肾小球肾炎的概念，明确肾小球肾炎的病变性质。
（2）能描述出肾小球肾炎的基本病理变化。

【理论学习】

一、概　念

肾小球肾炎是以肾小球损伤为主要病变的变态反应性疾病。肾小球肾炎可分为原发性和继发性两大类。原发性肾小球肾炎是原发于肾脏的独立疾病，肾是唯一或主要受累的器官。继发性肾小球肾炎是由免疫性、血管性或代谢性疾病引起的肾小球病变，肾脏病变是系统性疾病的组成部分，如狼疮性肾病、糖尿病肾病等。本节主要讨论原发性肾小球肾炎。

二、病因和发病机制

原发性肾小球肾炎的病因和发病机制尚未完全阐明，但已确定大部分由免疫机制引起。抗原抗体复合物是引起肾小球损伤的主要原因。损伤主要通过两种机制：① 抗体在肾小球内与抗原发生反应；② 可溶性抗原抗体复合物在肾小球内沉积，引起肾小球病变。

三、病理变化特点

肾小球肾炎的基本病理变化包括：

1. 肾小球内细胞增多

主要是肾小球系膜细胞、内皮细胞和上皮细胞增生，并有中性粒细胞、单核巨噬细胞及淋巴细胞浸润，肾小球内细胞数量增多，肾小球体积增大。

2. 基底膜增厚

可以是基底膜本身增厚，也可以由内皮下、上皮下或基底膜内免疫复合物沉积引起。增厚的基底膜理化性状改变，通透性增高。

3. 炎性渗出和坏死

急性炎症时，肾小球内可出现中性粒细胞等炎细胞和纤维素渗出，血管壁可发生纤维素样坏死。

4. 玻璃样变性

其成分为渗出的血浆蛋白、增多的系膜基质和增厚的基底膜，镜下为均质红染无结构的小球样堆积。玻璃样变导致肾小球固有细胞减少甚至消失，毛细血管袢塌陷，管腔闭塞。

5. 肾小管和间质的改变

肾小管管腔内出现由蛋白质、细胞或细胞碎片聚集形成的各种管型。肾间质可发生充血、水肿，并有少量炎细胞浸润。肾小球发生玻璃样变和硬化时，肾小管可发生萎缩甚至消失，间质可发生纤维化。

【学习小结】

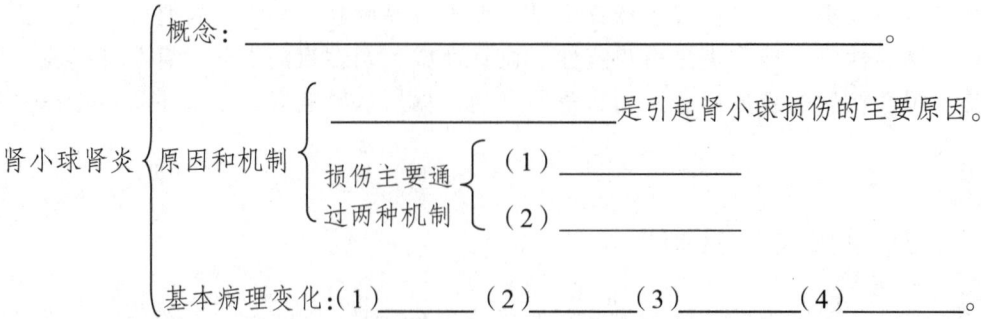

【项目实训】

案例分析：

患儿，男，10岁。10天前发生急性上呼吸道感染。近几日低热，头晕头痛，食欲不佳，眼睑和下肢水肿，尿量减少，尿的颜色逐渐加深至洗肉水样。入院诊断为急性肾炎，治疗2周后，痊愈出院。

问题：患儿的肾脏为什么发生了疾病？发生了什么问题？

【项目测试】

1. 填空题

肾小球肾炎是以_____为主要病变的_____疾病。

2. 单项选择题

（1）肾小球肾炎所累及的主要部位是（　　）。
　　A. 肾小球　　　　　　　　B. 肾小管
　　C. 集合管　　　　　　　　D. 肾间质
　　E. 肾盂

（2）肾小球肾炎的发病机制主要是（　　）。
　　A. 遗传因素　　　　　　　B. 环境因素
　　C. 体液因素　　　　　　　D. 感染直接损伤
　　E. 变态反应

项目二　急性弥漫性增生性肾小球肾炎

【学习目标】

（1）能熟练描述急性肾小球肾炎的病变特点和主要临床表现。
（2）能运用病理学知识解释急性肾小球肾炎的临床表现。

【理论学习】

急性弥漫性增生性肾小球肾炎，简称急性肾炎，是临床最常见的肾小球肾炎类型，多见于5～14岁的儿童。病原微生物感染为引发本病的主要因素，其中最常见的病原体为A族乙型溶血性链球菌，病变由循环免疫复合物沉积引起。

1. 病理变化

肉眼观察：双侧肾脏轻至中度肿大，被膜紧张，表面光滑，颜色较红，有时可见散在的出血点，故称为大红肾或蚤咬肾。切面见肾皮质增厚，皮髓质分界清晰。镜下观察：双侧肾脏多数肾小球弥漫受累，肾小球体积增大，细胞数增多，增生的细胞主要为肿胀的内皮细胞和系膜细胞，可见中性粒细胞和单核细胞浸润。由于肾小球内细胞数显著增多，毛细血管腔狭窄或闭塞。病变严重处血管壁发生纤维素样坏死，局部出血，可伴血栓形成；近曲小管上皮细胞变性，肾小管管腔内可见蛋白管型、红细胞或白细胞管型及颗粒管型；肾间质充血、水肿并有炎细胞浸润。

2. 临床病理联系

急性肾炎在临床上主要表现为急性肾炎综合征。

（1）尿的变化：由于肾小球肿胀的内皮细胞和系膜细胞增生，使毛细血管管腔狭窄、闭塞，肾小球滤过率降低，但肾小管重吸收功能无明显障碍，引起少尿；由于肾小球毛细血管损伤，管壁通透性增高，患者可出现血尿、蛋白尿，尿中可出现各种管型（管型尿）。

（2）水肿：主要原因是肾小球滤过率降低，水钠潴留。超敏反应引起的毛细血管管通透性增高可加重水肿。常先发生于组织疏松的眼睑部，再蔓延到整个面部，重者波及全身。

（3）高血压：主要是钠水潴留使血容量增加所致。

3. 预　　后

儿童患者预后好，多数患儿可痊愈。但不到1%的患儿转变为急进型肾小球肾炎。少数患儿转为慢性肾炎。成人患者预后较差，转变为慢性肾炎的比例较高。

【学习小结】

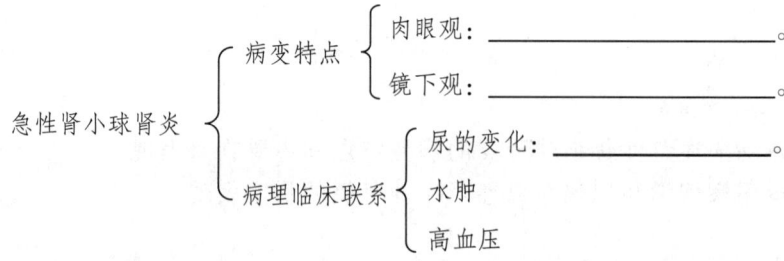

【项目实训】

观察急性肾小球肾炎的大体和镜下图，指出其病理变化特点。

【项目测试】

1．填空题

急性弥漫性增生性肾小球肾炎尿的变化有_____、_____、_____和_____。

2．单项选择题

（1）急性肾小球肾炎肉眼观察其变化主要呈现为（　　）。
   A．大白肾　　　　　　　　　　　B．蚤咬肾和大红肾
   C．多发性小脓肿　　　　　　　　D．多囊肾
   E．固缩肾

（2）急性弥漫性增生性肾小球肾炎中增生的细胞主要是（　　）。
   A．肾小球球囊壁层上皮　　　　　B．肾小球球囊脏层上皮
   C．肾小球血管系膜细胞及毛细血管内皮细胞　D．肾小球周围的纤维母细胞
   E．肾小球系膜细胞

项目三　急进性肾小球肾炎

【学习目标】

（1）能熟练描述急进性肾小球肾炎的病变特点和主要临床表现。
（2）能运用相关病理学知识解释急进性肾小球肾炎的临床表现。

【理论学习】

急进性肾小球肾炎是一组病情快速发展的肾小球肾炎，又称快速进行性肾小球肾炎。尽管快速进行性肾小球肾炎的病因和发病机制有差异，但大部分病例的肾小球损伤主要由免疫机制引起。

1．病理变化

肉眼观察：双肾体积增大，色苍白，表面可有点状出血，切面见肾皮质增厚。镜下观察：多数肾小球球囊内有新月体形成。新月体主要由增生的肾小囊壁层上皮细胞和渗出的单核细胞构成。新月体使肾小球球囊腔变窄或闭塞，并压迫毛细血管丛致毛细血管腔狭窄。肾间质水肿，炎细胞浸润。最后可发生肾小球萎缩、纤维化及玻璃样变，所属肾小管萎缩消失，间质纤维化。

2. 临床病理联系

此型肾小球肾炎发病急，进展快，临床表现为急进性肾炎综合征。常有血尿，伴红细胞管型、中度蛋白尿，并有不同程度的高血压和水肿。由于新月体形成和球囊腔阻塞，病人迅速出现少尿、无尿和氮质血症等症状。随病变进展，肾单位功能丧失，最终发生肾衰竭。

3. 预后

本病预后极差。病人的预后与出现新月体的肾小球的比例有关。

【学习小结】

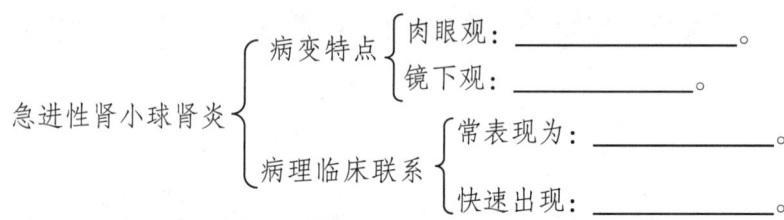

急进性肾小球肾炎
- 病变特点
  - 肉眼观：_____。
  - 镜下观：_____。
- 病理临床联系
  - 常表现为：_____。
  - 快速出现：_____。

【项目实训】

观察急进性肾小球肾炎的大体和镜下图，指出其病理变化特点。

【项目测试】

1. 填空题

弥漫性新月体性肾小球肾炎又称为_____，特征性病变是形成_____。

2. 单项选择题

（1）新月体主要由哪些细胞增生形成？（　　）
　　A. 系膜细胞　　　　　　　　B. 脏层上皮细胞
　　C. 毛细血管内皮细胞　　　　D. 壁层上皮细胞
　　E. 以上均有

（2）快速进行性肾小球肾炎最具特征的病变是（　　）。
　　A. 基底膜增厚　　　　　　　B. 肾小球血管袢坏死
　　C. 肾血管内膜纤维化　　　　D. 大量新月体形成
　　E. 肾间质炎细胞浸润

项目四　慢性肾小球肾炎

【学习目标】

（1）能熟练描述慢性肾小球肾炎的病变特点和主要临床表现。
（2）能运用相关病理学知识解释慢性肾小球肾炎的临床表现。

【理论学习】

慢性肾小球肾炎为不同类型肾小球肾炎发展的终末阶段，但也有部分患者起病隐匿，无自觉症状，发现时已进入慢性阶段。

1. 病理变化

肉眼观察：双肾体积缩小，表面呈弥漫性细颗粒状，质地变硬。切面皮质变薄，皮髓质分界不清。慢性肾炎的大体病变称为继发性颗粒性固缩肾。镜下观察：肾小球弥漫性纤维化及玻璃样变，所属肾小管萎缩或消失，间质纤维化，伴有淋巴细胞及浆细胞浸润。间质纤维化使肾小球相互靠拢。病变轻的肾单位出现代偿性改变，肾小球体积增大，肾小管扩张，腔内可出现各种管型。

2. 临床病理联系

慢性肾小球肾炎临床表现为慢性肾炎综合征。

（1）尿的改变：由于大量肾单位结构破坏，功能丧失，血液流经残留肾单位时速度加快，肾小球滤过率增加，但肾小管重吸收功能有限，尿浓缩功能降低，病人出现多尿、夜尿及低比重尿。

（2）高血压：由于肾小球硬化和严重缺血，肾素分泌增多，导致血压升高。高血压引起细小动脉硬化，肾缺血加重，肾素分泌进一步增加，使血压持续升高，形成恶性循环。

（3）贫血：主要由于肾组织破坏，促红细胞生成素分泌减少所致。此外，体内代谢产物堆积可破坏红细胞或抑制骨髓造血功能。

（4）水、电解质和酸碱平衡失调、氮质血症和尿毒症：大量肾单位受损使代谢产物不能及时排出，在体内积聚所致。

（5）左心病变：长期高血压可导致左心室壁肥厚，严重者出现心力衰竭。

3. 预　后

本病预后极差。如不能及时进行血液透析或肾移植，病人最终多因尿毒症或由高血压引起的心力衰竭、脑出血而死亡。

【学习小结】

慢性肾小球肾炎 ｛ 病变特点 ｛ 肉眼观：_____。
　　　　　　　　　　　　　　　镜下观：_____。
　　　　　　　　病理临床联系 ｛ _____。
　　　　　　　　　　　　　　　 _____。
　　　　　　　　　　　　　　　 _____。
　　　　　　　　　　　　　　　 _____。

【项目实训】

观察慢性肾小球肾炎的大体和镜下图，指出其病理变化特点。

【项目测试】

1. 填空题

慢性肾小球肾炎的镜下主要改变为部分肾小球_____、_____，部分肾小管_____、_____。

2. 单项选择题

（1）慢性肾小球肾炎的肾脏大体形态是（　　）。
　　　A. 大白肾　　　　　　　　B. 大红肾
　　　C. 颗粒性固缩肾　　　　　D. 蚤咬肾
　　　E. 肾积水
（2）慢性肾小球肾炎的临床表现不包括（　　）。
　　　A. 多尿　　　　　　　　　B. 血尿
　　　C. 高血压　　　　　　　　D. 夜尿增多
　　　E. 肾功能不全

学习效果分析

内容	优秀	良好	一般	需要加油
	≥90%	80%～89%	60%～79%	<60%
项目测试				
项目实践				
自我反思				

第七章 传染病

第一节 结核病

项目一 概　述

【学习目标】

（1）能够熟练陈述结核病的基本病理变化特点。
（2）会解释结核病的病因、发病机制及转化规律。
（3）能主动开展结核病的健康宣教，培养预防结核病的意识。

【理论学习】

结核病是由结核杆菌引起的一种常见的慢性传染病。全身各器官均可发生，以肺结核最为多见。其典型病变是结核结节形成并伴不同程度的干酪样坏死。

一、病因和发病机制

1. 病　因

结核病的病原菌是结核杆菌，主要有人型、牛型。结核病的传染源是患者和带菌者，主要经呼吸道传播，少数病人可因食入带菌的食物经消化道感染，细菌经皮肤伤口感染者极少见。

2. 发病机制

结核病的发生、发展取决于感染结核杆菌的数量、毒力大小和机体的反应性。结核病的免疫反应以细胞免疫为主，是机体杀灭结核杆菌的主要形式。结核菌所致的变态反应，属迟发性变态反应（Ⅳ型超敏反应）。免疫反应和变态反应常同时发生，贯穿于结核病始终。

二、结核病的基本病变

结核病是一种特殊炎症,基本病变为变质、渗出和增生。但也具有区别于一般炎症的特殊病变,即结核节形成和干酪样坏死。

1. 渗出为主的病变

在结核性炎症的早期或机体抵抗力低下、细菌数量大、毒力强或变态反应较强时,表现为浆液或浆液纤维素性炎,此病变好发于肺、浆膜、滑膜和脑膜等处。

2. 增生为主的病变

当菌量较少、毒力较低或人体免疫力较强时,增生形成具有一定诊断特征的结核结节。肉眼观,呈境界分明,约粟粒大小,呈灰白色或浅黄色。镜下观,典型结核结节中央常见干酪样坏死,周围绕以呈放射状排列的类上皮细胞和一些 langhans 巨细胞、纤维母细胞、淋巴细胞。

3. 坏死为主的病变

在结核菌数量大、毒力强、机体抵抗力低或变态反应强烈的情况下,病变组织发生干酪样坏死。肉眼观,呈浅黄色、均匀细腻,质地松脆似奶酪样。镜下观,细胞坏死、崩解,呈一片红染无结构的颗粒状物质。

上述三种病变往往同时存在,而以其中一种病变为主,并在一定条件下可以相互转化。

三、结核病的转归

1. 转向愈复

机体抵抗力增强时,病灶吸收消散或纤维化、纤维包裹及钙化。

2. 转向恶化

机体抵抗力降低时,病灶浸润进展或溶解播散而恶化。

【学习小结】

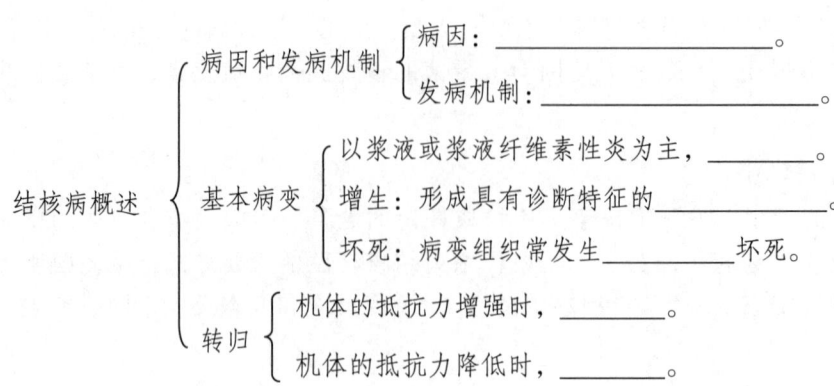

【项目实训】

观察结核病的病理组织切片，指出特征性病变。

【项目测试】

1. 填空题

（1）结核病的致病菌为_____，主要传染源为_____，主要传播途径是_____。

（2）结核病的典型病变是形成_____和伴有不同程度的_____。

2. 单项选择题

（1）结核病的基本病变属于（　　）。
   A. 出血性炎　　　　　　B. 纤维素性炎
   C. 化脓性炎　　　　　　D. 变质性炎
   E. 肉芽肿性炎

（2）结核病的组织坏死灶属于（　　）。
   A. 凝固性坏死　　　　　B. 液化性坏死
   C. 干酪样坏死　　　　　D. 坏疽
   E. 纤维素样坏死

项目二　肺结核病、肺外结核病

【学习目标】

（1）能够熟练描述原发性肺结核和继发性肺结核的病理特点。

（2）能够列举继发性肺结核病的类型及病变特征。

（3）能够运用所学知识分析肺结核的临床病理联系。

【理论学习】

一、肺结核病

由于初次感染与再次感染结核菌时机体的反应性不同，肺部病变的发生和发展各有不同的特点，可分为原发性和继发性肺结核病两大类（见表7-1）。

表7-1 原发性肺结核和继发性肺结核区别

肺结核	原发性肺结核	继发性肺结核
感染	初次（外源性）	再次（多内源性）
好发年龄	儿童多见	成人多见
特异性免疫力	低下	较高
病变特点	肺原发结核综合征（肺原发病灶、结核性淋巴管炎、肺门淋巴结结核）	病变多样，新旧病灶混杂，较局限
起始部位	上叶下部或下叶上部近胸膜处	右肺尖部
病程	较短	较长
播散方式	淋巴、血道为主	支气管为主
预后	大多可以自愈，少数恶化	波动性，需积极治疗

1. 原发性肺结核病

原发性肺结核病指机体初次感染结核杆菌而发生的肺结核病，多见于儿童，故称儿童型肺结核病。

2. 继发性肺结核病

继发性肺结核病指机体再次感染结核杆菌后所发生的肺结核病，多见于成年人，又称成年人型肺结核。

（1）病变特点：病变常局限于肺内，不易经血道、淋巴道播散，以支气管播散为主；多开始于肺尖部，且右肺多见；病变复杂，新旧病变共存，病情时好时坏，病程较长。

（2）病变的类型：继发性肺结核病的病变和临床经过比较复杂，分为以下几种主要类型（见表7-2）。

表7-2 继发性肺结核的类型及特点

类型	病变特征
局灶型肺结核	属于非活动性结核病，是最早期病变，多位于右肺尖。病灶呈单个或多个，以增生为主，中央发生干酪样坏死。少数患者可发展成浸润型肺结核
浸润型肺结核	是活动性结核病，临床上最常见，多由局灶型肺结核发展而来。病变以渗出为主，中央有不同程度的干酪样坏死，可恶化发展为干酪样肺炎或慢性纤维空洞型肺结核
慢性纤维空洞型肺结核	属于开放性结核，多由浸润型肺结核发展而来。病变特征是厚壁空洞形成，空洞内干酪样坏死物液化经支气管在肺内播散，形成新旧不一、大小不等病灶，广泛破坏肺组织并纤维化
干酪性肺炎	由浸润型肺结核蔓延或结核杆菌经支气管播散所致。病灶出现大片干酪样坏死，肺泡腔内有大量浆液纤维素性渗出物。患者中毒症状明显，病变发展迅速，病情危重，病死率高，故有"奔马痨"之称
结核球	病变相对静止，是孤立的由纤维组织包裹干酪样坏死病灶形成，直径2~5 cm
结核性胸膜炎	渗出性的主要为浆液纤维素性炎，较多见；增生性的多由胸膜下结核直接蔓延而来

二、肺外器官结核病

肺外器官结核病，除淋巴结结核是由淋巴道播散所至，消化道结核可由咽下的食物或痰液直接感染，皮肤结核可通过损伤的皮肤感染外；其他各器官的结核病，多为原发性肺结核病经血源传播所形成的潜伏病灶进一步发展的结果。

【学习小结】

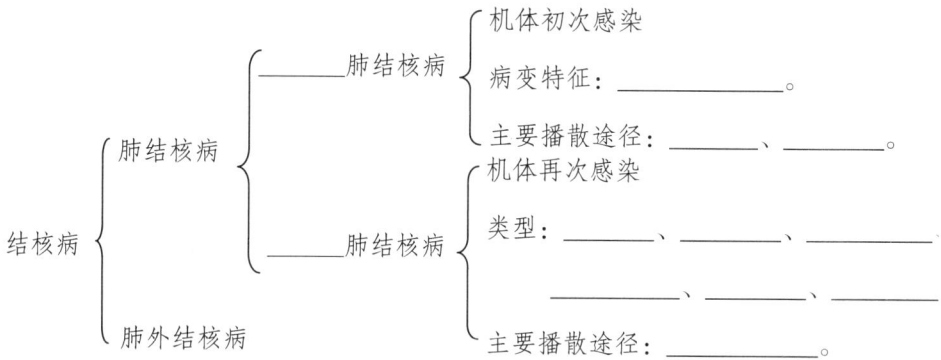

【项目实训】

案例分析：

患者，男，24岁，偏瘦。最近常感乏力，体重明显减轻，发热，以午后为重，夜间盗汗，连续数周咳嗽、咳痰，偶见痰中带血，抗感冒治疗未见好转就医。临床检查：体温37.5 ℃，结核菌素试验阳性，痰结核菌素培养阳性，X线检查右锁骨下区见一边缘模糊的斑片状阴影。

问题：
（1）患者发生了什么疾病？说明诊断依据。
（2）疾病原因是什么？试简述该病的结局。

【项目测试】

1. 填空题
肺原发结核综合征包括_____、_____和_____三种病变。

2. 单项选择题
（1）原发性肺结核临床病理特征是（　　）。
　　A. 病变多从肺尖开始　　　　　　B. 主要沿支气管播散

C. 病程长，渗出、增生、坏死病变并存　D. 肺门淋巴结显著肿大
　　E. 多见于成人
（2）临床最常见的活动性肺结核类型是（　　）。
　　A. 局灶型肺结核　　　　　　　　　B. 浸润型肺结核
　　C. 慢性纤维空洞型肺结核　　　　　D. 干酪样肺炎
　　E. 结核性胸膜炎

学习效果分析

内容	优秀	良好	一般	需要加油
	≥90%	80%～89%	60%～79%	<60%
项目测试				
项目实践				
自我反思				

第二节　细菌性痢疾

项目一　概　述

【学习目标】

（1）能够熟练说出细菌性痢疾的概念。
（2）知道细菌性痢疾的病因和发病机制。

【理论学习】

　　细菌性痢疾简称菌痢，是痢疾杆菌引起的一种常见的肠道传染病。全年均发，以夏、秋季多见。儿童发病率一般较高，其次为青壮年，老年人较少。主要病变为结肠黏膜的纤维素性炎。临床症状有发热、腹痛、里急后重、黏液脓性便或脓血性便。

一、病因及传染途径

1. 病原体

痢疾杆菌，为革兰阴性菌，分为痢疾志贺菌、福氏志贺菌、鲍氏志贺菌和宋内志贺

菌四群。四种志贺菌均能产生内毒素和外毒素。

2. 传染源

菌痢患者和带菌者（我国以福氏菌多见）。

3. 传播途径

粪-口传播。食物及饮水的污染有时可引起菌痢的爆发流行。

二、发病机制

痢疾杆菌经口入胃后大部分被胃酸杀死，仅少部分进入肠道，并侵入黏膜上皮细胞内大量繁殖，经基底膜侵入固有层内继续繁殖引起肠黏膜炎症，细菌裂解后释放毒素入血，引起全身中毒症状。

【学习小结】

细菌性痢疾 $\begin{cases} 病原体：_____ \\ 好发人群：_____ \\ 炎症性质：_____ \\ 传播途径：_____ \\ 传染源：_____ \\ 临床表现：\_\_\_\_\_、_____、_____和_____ \end{cases}$

【项目实训】

小组讨论：通过对细菌性痢疾概述的学习，为预防细菌性痢疾的发生该怎样做健康教育？

【项目测试】

1. 填空题

（1）痢疾杆菌是_____菌，可分为_____、_____、_____和_____。

（2）细菌性痢疾传染源是_____，主要传染途径是_____。

2. 单项选择题

细菌性痢疾粪便特点是（　　）。

A. 水样便　　　　　　　　B. 黏液脓血便
C. 柏油样便　　　　　　　D. 果酱样便
E. 米汤样便

项目二　病理变化及病理临床联系

【学习目标】

（1）能描述细菌性痢疾的病变特点。
（2）领会细菌性痢疾的病理临床联系。

【理论学习】

一、病理变化及病理临床联系

细菌性痢疾的病理变化主要发生于大肠，尤以乙状结肠和直肠为重。病变特征是大量纤维素渗出形成假膜，即细菌性痢疾的病理变化本质是假膜性炎。根据肠道病变特征及临床经过分为三种类型。

1. 急性细菌性痢疾

典型菌痢病变初期为急性卡他性炎，随后病变进一步发展形成本病特征性的假膜性炎。由大量渗出的纤维组织与坏死组织、中性粒细胞、红细胞和细菌一起形成假膜，呈糠皮样，灰白色。假膜溶解脱落后，形成大小不等，形状不一的"地图状"浅表溃疡。临床上，初期患者表现为阵发性腹痛、水样便和黏液便，后因假膜溶解脱落，转为黏液脓血便，里急后重。因细菌毒素的吸收，出现头痛、发热、乏力等全身中毒症状。急性菌痢的病程一般为1~2周，大多可痊愈，少数转为慢性。

2. 慢性细菌性痢疾

病程超过2个月以上时为慢性菌痢，多由急性菌痢转变而来。肠道新旧病灶通常同时存在，慢性溃疡较急性溃疡深，可达肌层。黏膜通常过度增生并形成息肉。肠壁增厚、变硬，严重者可致肠腔狭窄。患者有腹痛、腹泻或便秘等肠道症状。

3. 中毒性细菌性痢疾

中毒性菌痢多由毒力较弱的福氏志贺菌和宋内志贺菌引起，多见于2~7岁儿童。其特征是起病急骤，全身中毒症状重，但肠道病变和症状不明显。发病后数小时即可出现中毒性休克或呼吸衰竭，危及生命。

【学习小结】

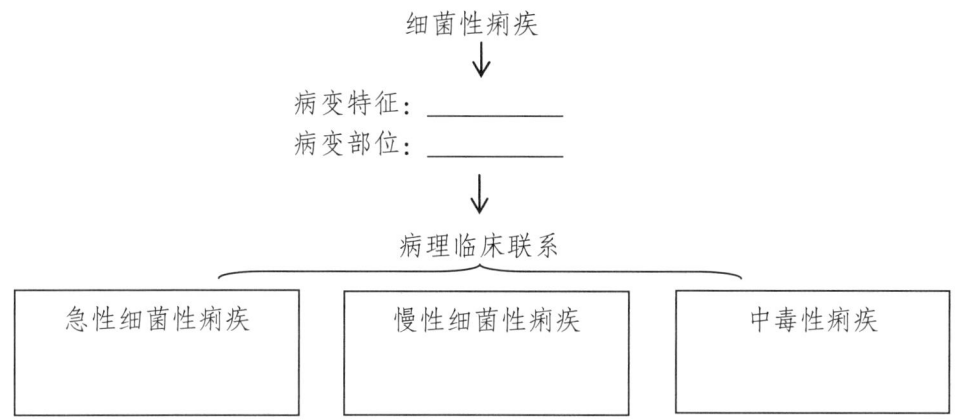

【项目实训】

案例分析：

患者，女，36岁，腹痛、腹泻，最初为稀便，以后为黏液脓血便，偶见片状灰白色膜状物排出。病人有里急后重感。

问题：

① 病人患的是什么病？
② 临床表现与病理变化有无联系？
③ 病人大便内为何出现灰白色膜状物？试解释。

【项目测试】

1. 填空题

细菌性痢疾肠黏膜的溃疡特征是_____。

2. 单项选择题

（1）细菌性痢疾的好发部位是（　　）。
　　A. 结肠上段　　　　　　　　B. 回肠
　　C. 直肠和乙状结肠　　　　　D. 空肠
　　E. 盲肠

（2）中毒性细菌性痢疾最多见于（　　）。
　　A. 25～30岁青年　　　　　　B. 7～10岁儿童
　　C. 2～7岁儿童　　　　　　　D. 30岁以上壮年人
　　E. 中、老年人

（3）细菌性痢疾急性期的病变（　　）。

A. 全身小血管内皮细胞肿胀,血浆渗出
B. 肠黏膜弥漫性纤维蛋白渗出性炎症
C. 肠黏膜水肿、增厚、溃疡形成
D. 肠壁形成口小底大的烧瓶样溃疡
E. 嗜酸性肉芽肿的形成

学习效果分析

内容	优秀 ≥90%	良好 80%~89%	一般 60%~79%	需要加油 <60%
项目测试				
项目实践				
自我反思				

第三节 伤 寒

项目一 伤寒的概念、病因及发病机制

【学习目标】

(1)会叙述伤寒的概念。
(2)能说出伤寒的病因及传播途径。
(3)能做好健康宣教工作。

【理论学习】

一、伤寒的概念及特点

1. 概　念

伤寒是由伤寒杆菌引起的急性传染病。

2. 特　点

全身单核巨噬系统的巨噬细胞增生,以回肠末端淋巴组织、系膜淋巴结处的病变最为明显,故又称为肠伤寒。多见于青壮年,近年来幼儿及儿童的发病率相对增加。

二、伤寒的病因及发病机制

1. 病　因

伤寒杆菌属沙门氏菌属，革兰染色阴性，能产生强烈的内毒素，菌体含有"O"抗原、鞭毛"H"抗原和表面"Vi"抗原，能刺激机体产生相应的抗体，由于"O"抗原及"H"抗原的抗原性较强，故可用血清凝集试验（肥达氏反应），以测定血清中O抗体及H抗体的增高来辅助临床诊断（"O"1：80以上，"H"1：160以上有诊断意义）。

2. 发病机制

（1）传染源：伤寒患者和带菌者是本病的传染源。

（2）传播途径：细菌随粪便和尿排出，污染饮水和食物，经口感染，苍蝇也是重要的传染媒介。

（3）发病机制：细菌进入消化道一般被胃酸消灭，未被杀灭的病菌进入小肠并侵入肠壁淋巴组织及肠系膜淋巴结，特别是回肠下段的淋巴结，同时扩散到肠系膜淋巴结。伤寒杆菌被巨噬细胞吞噬并在胞体内繁殖，细菌释放入血引起菌血症。此时患者无症状，相当于疾病的潜伏期，一般10天左右。此后，血液中的细菌被全身单核巨噬细胞系统吞噬，细菌和毒素大量入血，引起第二次菌血症和毒血症。此时肠壁淋巴组织发生变态反应，淋巴组织坏死，肠壁溃疡形成，相当于疾病的坏死期和溃疡期。

【学习小结】

伤寒的概念、原因及发病机制
- 概念：_____。
- 特点：以全身_____增生为主要病变。
- 病因：____菌，革兰染色___性。
- 发病机制
  - 传染源：_____
  - 传播途径：_____
  - 易感人群：_____

【项目实训】

小组讨论：伤寒杆菌感染的特征性反应细胞是什么细胞？为什么？

【项目测试】

1. 填空题

（1）伤寒是由_____引起的急性传染病。

（2）伤寒杆菌属于革兰氏染色的_____性菌，产生_____毒素致病。

2．单项选择题

肠伤寒为（　　）。

  A．急性变质性炎　 B．急性渗出性炎
  C．急性增生性炎　 D．慢性增生性炎
  E．以上都不对

项目二　伤寒的病理变化、临床表现、结局

【学习目标】

（1）领会伤寒的病理变化特点。
（2）知道伤寒肠道外的病变。

【理论学习】

一、肠伤寒

病变主要累及回肠末端的集合和独立淋巴小结，按病变发展过程分为四期，每期约为1周。

1．髓样肿胀期（第1周）

肉眼观察：病变处肠壁淋巴组织明显肿胀，突出于黏膜表面，呈圆形或椭圆形，质软，状似脑回。邻近肠黏膜有充血、水肿、黏液分泌增多。镜下观察：病灶内有大量伤寒细胞和伤寒小结。伤寒细胞由吞噬细胞增生而成，胞质中有吞噬的伤寒杆菌、淋巴细胞、红细胞、坏死细胞碎片。伤寒细胞常聚集成团，形成小结节，成为伤寒小结或伤寒肉芽肿。周围有淋巴细胞、浆细胞浸润，但无中性粒细胞渗出。

2．坏死期（第2周）

过敏反应强烈及局部缺血所致。肿胀的淋巴组织中央部和表层发生小灶状坏死，并逐渐扩大融合，失去正常光泽，呈灰白色或被胆汁染成黄绿色。肥达反应在此时阳性。

3．溃疡期（第3周）

坏死组织崩解脱落形成溃疡，椭圆形，其长轴与肠管的长轴平行，溃疡边缘隆起，底部高低不平，较深，可引起肠穿孔，若侵犯血管可引起肠出血。此时大便细菌培养常阳性。

4. 愈合期（第 4 周）

溃疡处由肉芽组织填平愈合，不留瘢痕。病后可获得较强的免疫力。

临床上主要表现为持续高热、神志淡漠、相对缓脉、脾大、皮肤玫瑰疹、血白细胞减少、腹胀、便秘和腹泻、右下腹压痛等。粪便培养在病程第 2 周起阳性率逐渐增高，在第 3 周阳性率高达 85%。

二、肠外病变

病人肠系膜淋巴结、肝、脾的巨噬细胞增生，伤寒小结形成；脾中度增大、肝大；骨髓内也有巨噬细胞增生；心肌纤维肿胀、坏死，重者出现中毒性心肌炎。由于内毒素对心肌的影响及神经兴奋性增高，患者出现相对缓脉。有的病人痊愈后仍有细菌经肠道排出，是伤寒的重要传染源。

三、结　局

1. 愈　合

伤寒患者如无并发症，一般经 4~5 周痊愈。

2. 并发症及死亡原因

主要并发症有肠出血、肠穿孔、小儿支气管肺炎等。肠穿孔后常引起弥漫性腹膜炎。肠败血症、肠出血和肠穿孔是本病的主要死亡原因。

【学习小结】

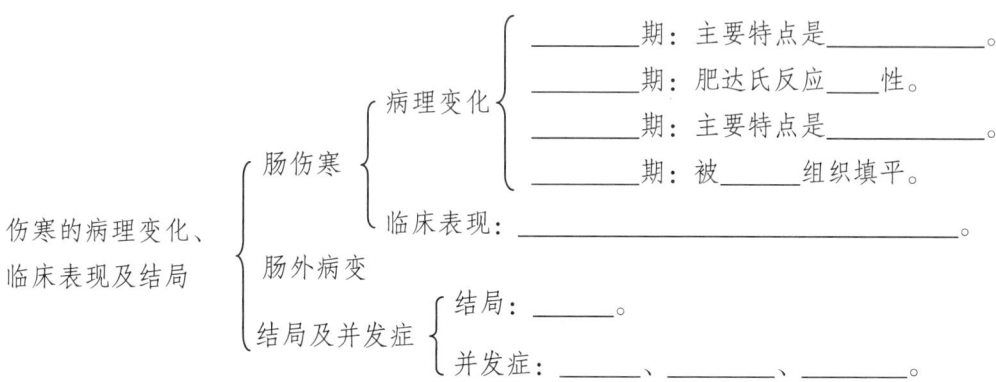

【项目实训】

小组讨论：典型的肠伤寒病变历时 4 周，严重并发症易发生于第几周？为什么？

【项目测试】

1. 填空题

伤寒小结是指_____。

2. 单项选择题

（1）诊断伤寒，下列哪项最重要？（　　）

  A. 伤寒肉芽肿   B. 玫瑰疹

  C. 白细胞减少   D. 肝脾大

  E. 相对缓脉

（2）关于伤寒肠道病变分期，下列哪一项是错误的？（　　）

  A. 髓样肿胀期   B. 后发症期

  C. 坏死期   D. 溃疡期

  E. 愈合期

（3）肥达氏反应阳性出现在伤寒病变的哪期？（　　）

  A. 髓样肿胀期   B. 坏死期

  C. 溃疡期   D. 愈合期

  E. 并发症期

学习效果分析

内容	优秀 ≥90%	良好 80%~89%	一般 60%~79%	需要加油 <60%
项目测试				
项目实践				
自我反思				

第八章 发 热

项目一 概 念

【学习目标】

（1）能够熟练描述发热及过热的概念，并会区分发热和过热。
（2）能运用发热的理论知识解决实际生活中相关案例的问题。

【理论学习】

发热是指机体在致热原的作用下，体温调节中枢的调定点上移而引起的调节性体温升高，是一种主动性体温升高。在某些情况下，由于体温调节障碍、散热障碍或者产热器官功能异常等引起的体温升高称为过热，是一种被动性体温升高。

正常情况下，人体体温相对恒定在 37 ℃ 左右，一昼夜上下波动不超过 1 ℃。

临床上通常以腋下 36～37 ℃ 为正常值。当体温超过正常值 0.5 ℃ 时，称为体温升高（见图 8-1）。

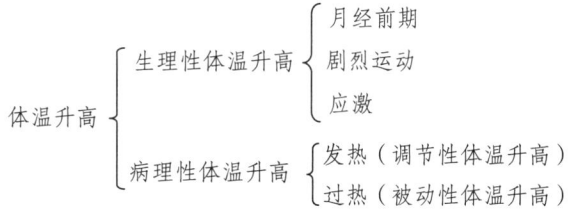

图 8-1 体温升高的分类

【学习小结】

体温升高 { 生理性体温升高，如_____、_____、_____。
病理性体温升高 { 发热：_____。
过热：_____。

【项目实训】

讨论：肺炎、肺结核、伤寒、运动后、进食后、月经期前、中暑、甲亢的体温升高属于发热还是过热？

【项目测试】

1. 填空题

发热是指机体在_____作用下，体温调节中枢的_____引起的_____，是一种_____体温升高。

2. 单项选择题

（1）下列哪种情况的体温升高属于发热？（　　）
  A. 女性月经期前   B. 肺炎
  C. 中暑   D. 伤寒
  E. 结核病

（2）甲状腺功能亢进导致的体温升高属于（　　）。
  A. 发热   B. 过热
  C. 生理性体温升高 D. 以上都不对
  E. 以上都对

项目二　发热的原因与机制

能引起机体发热的物质称为致热原，包括发热激活物和内生致热原。发热激活物是指能够激活机体产内生致热原细胞，使其产生并释放内生致热原的物质。内生致热原（EP）是由机体内生致热原细胞产生、释放的，能够引起体温升高的物质。

一、发热激活物

发热激活物是指能够激活体内的产内生致热原细胞，使其产生和释放内生致热原的物质，包括外致热原和体内产物。

1. 外致热原

外致热原指来自体外的致热物质，主要包括病原体（细菌、病毒、真菌、立克次体、螺旋体、寄生虫等）及其代谢产物。由各种病原微生物侵入机体引起的发热，称为感染性发热，占所有发热的 50%~60%。细菌感染最为常见，约占 43%，以革兰阴性菌的内毒素为最常见的外致热原。这种毒素耐热性高，一般方法难以清除，是血液制品和输液过程中的主要污染物。

2. 体内产物

体内产物指机体内产生的致热物质，主要包括抗原-抗体复合物、类固醇及体内大量破坏的坏死组织等。由非生物病原体引起的发热称为非感染性发热。发热激活物的分子量大，不能通过血-脑屏障，故不能直接作用于体温调节中枢引起发热。

二、内生致热原（EP）

内生致热原是指在发热激活物质作用下，由产内生致热原细胞产生和释放的能够引起体温升高的物质。体内能够产生并释放内生致热原的细胞称为产致热原细胞，包括单核细胞、巨噬细胞、内皮细胞、星状细胞、淋巴细胞等。这些细胞与发热激活物结合后被激活，细胞质内即合成内生致热原并释放入血。内生致热原的种类有：白细胞介素-1（IL-1）、白细胞介素-6（IL-6）、肿瘤坏死因子（TNF）、干扰素（IFN）等。

内生致热原分子量小，可以通过血-脑屏障直接作用于体温调节中枢，引起体温的升高。

三、发热的发生机制

发热的发生机制尚无定论，目前认为其发生机制（见图 8-2）包括三个基本环节：

（1）信息传递：产内生致热原细胞被发热激活物激活后，产生并释放内生致热原，内生致热原经血液循环到达下丘脑体温调节中枢。

（2）中枢调节、调定点上移：内生致热原到达体温调节中枢后，通过改变中枢发热介质（正调节介质和负调节介质）的数量，使调定点上移。

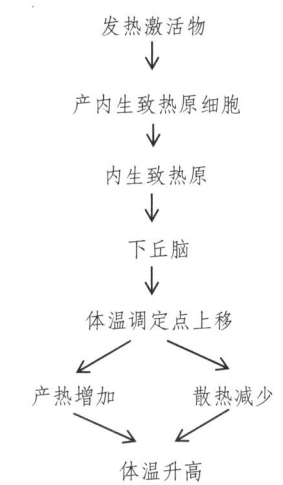

图 8-2　发热发生机制示意图

（3）调温效应器反应：体温调节中枢发出神经冲动，引起调温效应器的反应。一方面通过运动神经使骨骼肌收缩，产热增加；另一方面通过交感神经使皮肤血管收缩，散热减少。由于机体产热大于散热，所以体温逐渐升高，最终达到新调定点的水平。

【学习小结】

发热的原因和机制 { 发热原因 { 发热激活物 / 内生致热原 } / 发热发生机制 }

【项目实训】

分组讨论发热激活物、内生致热原（EP）作用的部位分别在何处。

【项目测试】

1. 填空题
（1）发热激活物作用的部位是_____，产内生致热原细胞作用的部位是_____。
（2）引起发热最常见的原因是_____感染。

2. 单项选择是
（1）下列哪种物质不属于内生致热原？（　　）
　　A. 白细胞介素-1　　　　　　B. 肿瘤坏死因子
　　C. 干扰素　　　　　　　　　D. 细菌
　　E. 白细胞介素-6
（2）下列哪种物质属于内生致热原？（　　）
　　A. 立克次体　　　　　　　　B. 病毒
　　C. 细菌　　　　　　　　　　D. 干扰素
　　E. 寄生虫

项目三　发热的分期和分类

【学习目标】

（1）能够熟练描述发热的过程、分期及分类。
（2）运用所学知识，分析发热患者各时相的临床表现。

【理论学习】

一、发热的过程及分期

按体温变化，发热的临床经过大概可以分为三个阶段（见图8-3）。

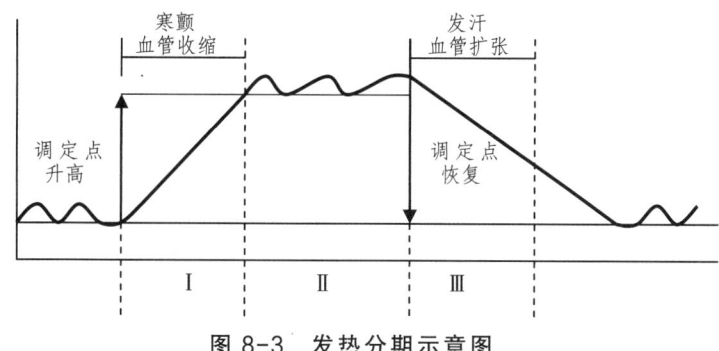

图 8-3 发热分期示意图
（Ⅰ为体温上升期；Ⅱ为高热持续期；Ⅲ为体温下降期）

1. 体温上升期

此期是发热的开始阶段，机体的热代谢特点为：产热增加而散热减少，产热大于散热，体温逐渐升高。病人的主要临床表现为皮肤苍白、畏寒、寒战，甚至皮肤出现"鸡皮疙瘩"。

2. 高热持续期

此期体温升高到调定点的新水平，不再继续上升，机体产热与散热在新调定点水平保持相对平衡，称为高热持续期。机体的热代谢特点为：产热与散热在新调定点水平上保持动态平衡。病人的主要临床表现为皮肤温度上升，寒冷感与"鸡皮疙瘩"消失，肤色变红，寒战停止，皮肤温度升高、病人自我感觉发热。

3. 体温下降期

此期因病因消除，体温调节中枢的调定点逐渐下降至正常水平，机体出现明显的散热反应。机体的热代谢特点为：散热增加，产热减少，散热大于产热。病人的临床表现为皮肤潮红和出汗等。

二、分 类

1. 根据体温升高程度分类
（1）低热：38 ℃以下。
（2）中等度热：38.1～39 ℃。
（3）高热：39.1～41 ℃。
（4）极高热：41 ℃以上。

2. 根据热型分类

热型是指发热病人体温单上的各体温数值点连接形成的曲线。根据热型不同，可将发热分为以下五种：

（1）稽留热：体温持续在39～40 ℃甚至更高水平，24小时内波动范围不超过1 ℃，常见于大叶性肺炎、伤寒等。

（2）弛张热：持续高热，24小时内波动超过 1 ℃，可达 2~3 ℃，可见于风湿热、败血症等。

（3）间歇热：体温骤然升高至 39 ℃ 以上，持续数小时后又迅速降至正常水平，每日或隔日反复一次，可见于疟疾、急性肾盂肾炎等。

（4）回归热：也称波浪热，指体温上升至 39 ℃ 以上，数天后逐渐下降至正常，持续数天后又逐渐升高，可见于回归热、布鲁菌病等。

（5）不规则热：发热持续时间不定，热型曲线变化不规则。可见于结核病、小叶性肺炎等。

【学习小结】

【项目实训】

小组讨论：发热不同时期患者体温调节中枢调定点的改变与体温变化情况。

【项目测试】

1. 填空题

（1）发热按其时相分为_____、_____、_____三期。

（2）病人面色苍白、皮肤鸡皮样改变，说明该病人处于发热的_____期。

2. 单项选择题

（1）发热的体温上升期所没有的表现是（　　）。
　　A. 寒战　　　　　　　　B. 畏寒
　　C. 鸡皮疙瘩　　　　　　D. 潮热
　　E. 皮肤苍白

（2）体温下降期体温调节的特点是（　　）。
　　A. 体温调定点从高位下移，产热大于散热
　　B. 体温调定点从高位下移，产热小于散热

  C. 体温调定点从低位上移，产热小于散热
  D. 体温调定点从低位上移，产热大于散热
  E. 以上都是
（3）高热骤退时，患者最易发生的不良反应是（   ）。
  A. 呼吸加深加快   B. 抽搐
  C. 烦躁不安   D. 大量出汗致虚脱
  E. 呕吐

项目四　发热时机体代谢、功能的变化

【学习目标】

（1）熟知发热对机体功能、代谢的影响。
（2）能熟练说出发热的处理原则。

【理论学习】

一、机体代谢的变化

  体温升高物质代谢加快，一般体温每升高 1 ℃，基础代谢率可提高 13%，所以，发热时物质消耗明显增加，如果持久发热而营养物质没有相应补充，自身物质被消耗，可导致消瘦、体重下降。

  1. 物质代谢
  （1）糖代谢：发热时糖的分解代谢增强，糖原分解增多，糖异生作用增强，使病人血糖升高甚至出现糖尿。同时，由于氧相对供应不足，葡萄糖无氧酵解加强，产生大量乳酸，所以发热病人最容易出现代谢性酸中毒。
  （2）脂肪代谢：由于糖代谢增强，使糖原储备不断减少，而发热时病人食欲差使糖摄入不足，致使机体动员储备的脂肪，使脂肪的分解代谢增强。一方面，脂肪的大量消耗可使长期发热的病人日渐消瘦；另一方面，脂肪的分解代谢增强和氧化不全，病人可出现酮血症甚至酮尿。
  （3）蛋白质代谢：发热时，体内蛋白质分解加强，故长期发热的病人血浆蛋白含量会减少，出现氮质血症和负氮平衡状态，如果此时未能及时补充足够的蛋白质，病人可出现抵抗力下降和组织修复能力减弱等表现。

2. 维生素代谢

长期发热时，由于糖、脂肪和蛋白质分解代谢增强，使维生素消耗增多，加之病人食欲差，使维生素摄入不足，因此容易发生维生素缺乏，特别是维生素 C 和 B 族的缺乏较多见，应注意及时补充。

3. 水、电解质代谢和酸碱平衡

体温上升期，肾血流量减少，病人尿量减少，水和 Na^+、Cl^- 的排出减少；在高热持续期，皮肤和呼吸道水分蒸发增加，导致水分大量丢失，重者可引起脱水；在体温下降期，大量出汗及尿量增多，Na^+、Cl^- 排出增加，可加重脱水。因此，高热病人退热期应注意及时补充水和适量的电解质。

二、机体功能的变化

1. 中枢神经系统的表现

发热使神经系统兴奋性增高，病人常有头痛、头晕，特别是高热（40~41 ℃）时，病人甚至可出现烦躁不安、谵妄、谵语、幻觉等表现。有些患者因中枢神经功能抑制而出现淡漠、嗜睡等。小儿高热易引起抽搐（热惊厥），可能与小儿中枢神经系统发育尚未成熟有关，反复惊厥可造成小儿脑损伤，发生智力损害甚至癫痫，因此小儿发热要严密观察。

2. 循环系统

发热时心率加快，一般体温每升高 1 ℃，心率约增加 18 次/min，小儿心率增加更明显。一定限度内（<150 次/min）的心率加快可增加心输出量，但如果心率过快，心脏因负荷增加，心输出量反而下降。因此，发热病人应安静休息，减少体力活动和情绪激动，以避免心率过快诱发心衰，体温上升期，因心率加快和皮肤黏膜血管收缩，该期血压可略升高；高热持续期和体温下降期，由于外周血管扩张和大量出汗，病人血压可略下降。少数病人可因大量出汗而致虚脱，甚至发生循环衰竭，应注意预防。

3. 呼吸系统

发热时受血液温度升高和酸性代谢产物的刺激，使呼吸中枢兴奋性增强，呼吸加深、加快，有助于散热。但呼吸加快，可使 CO_2 排出过多而引起呼吸性碱中毒。持续高热可使呼吸中枢发生抑制，致使呼吸变浅变慢，甚至引起呼吸节律不规则。

4. 消化系统

发热时交感神经兴奋性增强，消化液分泌减少、胃肠蠕动减慢，病人出现食欲减退、口干舌燥、消化不良、腹胀及便秘等。

5. 泌尿系统

体温上升期和高热持续期，病人可出现尿量减少、尿比重增高，与抗利尿激素分泌增加有关。此外，高热持续期可引起肾小管上皮细胞受损，病人可出现轻度蛋白尿和管型尿。体温下降期由于肾血管扩张，病人尿量增加，尿比重逐渐降至正常。

三、发热的防治

1. 治疗原发病

积极查明病因，进行病因治疗，如抗感染、抗过敏等。

2. 一般性发热的处理

发热能增强机体防御功能，也是疾病的信号。对于体温在 40 ℃ 以下，又不伴有其他严重疾病的病人，可不急于解热，以免掩盖病情。主要应补充足够的营养物质、维生素和水为主。

3. 以下发热必须及时解热

高热（>40 ℃）病例，小儿及心脏病患者如有发热应及时解热，妊娠期早期的妇女发热有致畸胎的危险，妊娠中、晚期发热可加重心脏负担，有诱发心衰的可能，故妊娠期妇女如有发热应及时解热。

【学习小结】

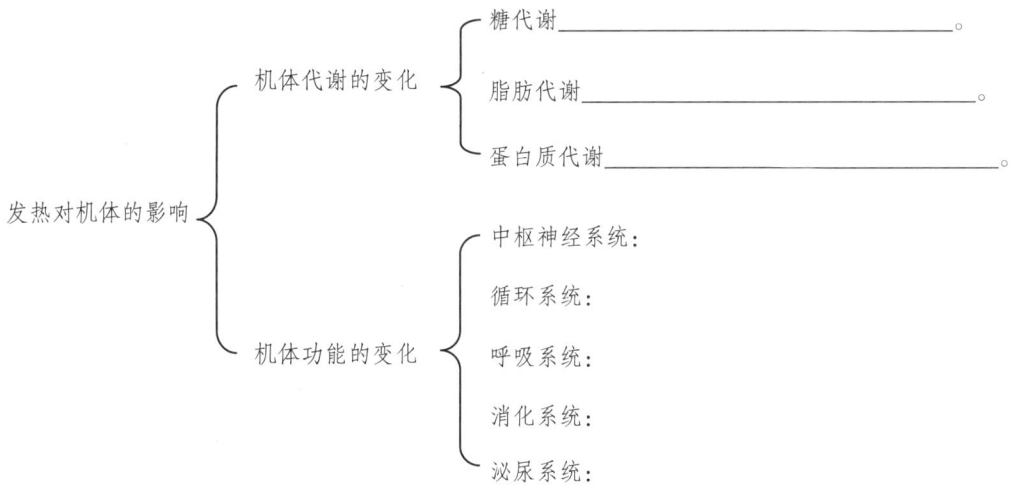

【项目实训】

案例分析：

患儿，男，6 岁。因高热、咽喉痛 2 天入院。患儿 2 天前开始出现鼻塞、流涕，体温 37.6 ℃，次日起咽喉痛，声音嘶哑，今晨起体温升高至 39 ℃，头痛、气急，全身肌肉酸痛，门诊以"化脓性扁桃体炎"收治入院。体检：体温 39 ℃，脉搏 102 次/min，呼吸 28 次/min，神清，皮肤、黏膜苍白，咽部充血（＋＋）、两侧扁桃体肿大Ⅱ度，有脓点，两肺呼吸音稍粗，心率 102 次/min，律齐、腹软，肝脾未触及。实验室检查：白细胞 $15×10^9$/L，中性粒细胞 0.82，淋巴细胞 0.18，胸透无异常，大小便检查无特殊。入院后给予氨苄青霉素输液治疗，5 天后治愈。

问题：
（1）患儿入院时的发热是怎样引起的？
（2）根据发热时消化系统功能变化应给予什么样的食物？

【项目测试】

1. 填空题

发热时心率_____，体温每升高 1℃，心率每分钟平均_____次。

2. 单项选择题

体温每升高 1℃，基础代谢率提高（　　　）。

  A.8%　　　　　　　　　　B.10%
  C.15%　　　　　　　　　 D.13%
  E.20%

学习效果分析

内容	优秀 ≥90%	良好 80%～89%	一般 60%～79%	需要加油 <60%
项目测试				
项目实践				
自我反思				

第九章 缺 氧

项目一 缺氧的概念及常用的血氧指标

【学习目标】

（1）能熟练叙述缺氧的概念。
（2）能熟练列出常用的血氧指标，并会分析其异常情况的原因。

【理论学习】

一、缺氧的概念

氧是生命活动不可缺少的重要物质。当组织供氧减少或氧利用障碍，导致组织代谢和功能甚至形态结构发生异常变化的病理过程称为缺氧。

缺氧是临床上常见的病理过程，也是高原、高空或坑道等特殊环境中存在的现象，是多种疾病引起死亡的重要原因。成人在静息状态下，每分钟耗氧量约 250 mL，而体内氧储量仅 1 500 mL。因此，一旦呼吸、心跳停止，数分钟内就可能死于缺氧。机体获得和利用氧由外呼吸、气体的运输和内呼吸三个过程完成。

二、常用的血氧指标（见表 9-1）

表 9-1 常用血氧指标及其意义

血氧指标	概 念	正常值	意 义
血氧分压 （PO_2）	物理溶解在血液中的氧所产生的张力	PaO_2 约 100 mmHg PvO_2 约 40 mmHg	PaO_2 主要取决于吸入气体的氧分压和肺呼吸功能；PvO_2 变化反映组织摄取和利用氧的状态
血氧容量 （CO_2max）	每 100 mL 血液中的血红蛋白所结合氧的最大量	200 mL/L	CO_2max 取决于血红蛋白的质和量，其大小反映血液携带氧的能力

续表

血氧指标	概念	正常值	意义
血氧含量（CO_2）	每 100 mL 血液中的血红蛋白实际结合氧的量	CaO_2 为 190 mL/L CvO_2 为 140 mL/L	CO_2 主要取决于 PO_2 和 CO_2max
动-静脉血氧含量差	动脉血氧含量与静脉血氧含量的差值	50 mL/L	反映组织的摄氧能力
血氧饱和度（SO_2）	血液中氧合血红蛋白占总血红蛋白的百分数	SaO_2 为 95~98% SvO_2 为 70~75%	SO_2 的大小主要取决于 PO_2

【学习小结】

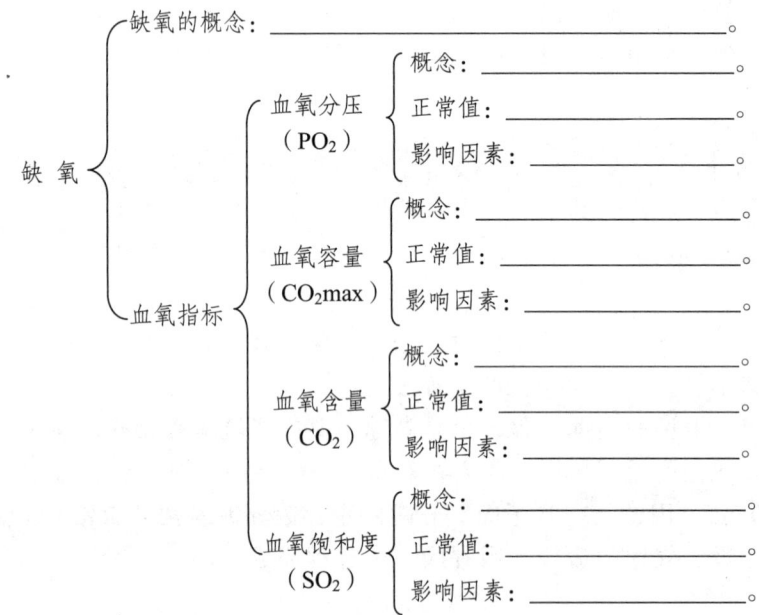

【项目实训】

小组讨论：日常生活中哪些情况会引起缺氧。

【项目测试】

1. 填空题

（1）缺氧是指_____或_____，导致_____和_____甚至_____发生异常变化的病理过程。

（2）常用的血氧指标有_____、_____、_____、_____。

2. 单项选择题

（1）影响动脉血氧分压高低的主要因素是（　　）。
  A. 血红蛋白的含量　　　　　　B. 组织供血
  C. 血红蛋白与氧的亲和力　　　D. 肺呼吸功能
  E. 线粒体氧化磷酸化酶活性

（2）影响动脉血氧容量的主要因素是（　　）。
  A. 细胞摄氧的能力　　　　　　B. 血红蛋白含量
  C. 动脉血 CO_2 分压　　　　　　D. 动脉血氧分压
  E. 红细胞内 2,3-DPG 含量

（3）检查动-静脉血氧含量差主要反映的是（　　）。
  A. 吸入气氧分压　　　　　　　B. 肺的通气功能
  C. 肺的换气功能　　　　　　　D. 血红蛋白与氧的亲和力
  E. 组织摄取和利用氧的能力

项目二　缺氧的类型

【学习目标】

（1）能准确写出各型缺氧的血氧指标及英文名称，并能熟练说出其概念、正常值及影响因素。

（2）会分析各型缺氧的原因及病理临床联系。

【理论学习】

外界氧通过呼吸进入肺泡，弥散入血，再与血红蛋白结合，由血液携带输送到全身，最后被组织和细胞摄取利用，其中任何一个环节发生障碍都能引起缺氧。

根据缺氧的原因和血氧的变化特点，缺氧分为四种类型：

1. 乏氧性缺氧

乏氧性缺氧是指以动脉血氧分压降低，血氧含量减少为特征的缺氧，又称为低张性低氧。

（1）原因。① 吸入气氧分压过低：多见于海拔 3 000 m 以上的高原、高空或通风不好的矿井和坑道内，或吸入低氧的混合气体等。② 外呼吸功能障碍：由肺的通气功能障碍或换气功能障碍所致，又称呼吸性缺氧。③ 静脉血分流入动脉：多见于先天性心脏病，如房间隔缺损伴有肺动脉狭窄或肺动脉高压时。

（2）血氧指标变化：低张性缺氧发生的关键是进入血液的氧减少或动脉血被静脉血稀释，其血氧指标变化见表9-2。

表 9-2 乏氧性缺氧的血氧指标变化

血氧指标	PO_2	CO_2max	CO_2	SO_2	$CaO_2 - CvO_2$
变化特点	降低	正常	降低	降低	降低

（3）病理临床联系：动脉血和静脉血中的氧合血红蛋白含量降低，脱氧血红蛋白增多。如毛细血管中脱氧血红蛋白的平均浓度超过 50 g/L 时，可使皮肤和黏膜呈青紫色，称为发绀。发绀通常是缺氧的表现，但缺氧的病人不一定都有发绀，这与缺氧的程度和类型有关。

2. 血液性缺氧

血液性缺氧是指由于血红蛋白含量减少或性质发生改变，致血液携带氧的能力降低或与血红蛋白结合的氧不易释出所引起的缺氧，这型缺氧的动脉血氧含量降低，血氧分压正常，故又称为等张性缺氧。

（1）原因。① 贫血：各种原因引起的贫血。② 高铁血红蛋白血症：血红蛋白中的 Fe^{2+} 在氧化剂的作用下，可氧化成 Fe^{3+}，形成高铁血红蛋白；高铁血红蛋白的三价铁因与羟基牢固结合而丧失携带氧的能力，使组织缺氧。常见的是食用大量含硝酸盐的腌菜后，经肠道细菌将硝酸盐还原为亚硝酸盐，吸收后可形成高铁血红蛋白血症，称为"肠源性发绀"。③ 一氧化碳中毒：一氧化碳（CO）与血红蛋白的亲和力是氧（O_2）与血红蛋白亲和力的 210 倍。当吸入气中有 0.1%的一氧化碳时，血液中的血红蛋白可能有 50%为血红蛋白与一氧化碳结合形成的碳氧血红蛋白（HbCO），从而失去携氧能力，则可发生极为严重的缺氧；另一方面，CO 还能抑制红细胞内的糖酵解，使氧合血红蛋白中的氧不易释出，从而加重组织缺氧。④ 血红蛋白与氧的亲和力异常增高，血红蛋白与氧的亲和力增强，氧不易释放而使组织缺氧。如果输入大量库存血或大量碱性液体时可引起组织缺氧。

（2）血氧指标的变化：血液性缺氧发生的关键是血红蛋白质和量的改变，其血氧指标变化见表9-3。

表 9-3 血液性缺氧的血氧指标变化

血氧指标	PO_2	CO_2max	CO_2	SO_2	$CaO_2 - CvO_2$
变化特点	正常	降低	降低	正常	降低

（3）临床病理联系：血液性缺氧可无发绀。表现为严重贫血的病人面色苍白；高铁

血红蛋白血症患者，皮肤和黏膜呈咖啡色或青石板色；一氧化碳中毒患者皮肤、黏膜呈樱桃红色。

3. 循环性缺氧

循环性缺氧是指由于组织血流量减少引起的组织供血不足，又称低血流性缺氧或低动力性缺氧。其中，因动脉灌流不足引起的缺氧称缺血性缺氧，因静脉回流障碍引起的缺氧称为淤血性缺氧。

（1）原因：① 全身血液循环障碍，见于心力衰竭、休克、大出血等。② 局部血液循环障碍，见于心血管的病变，如动脉硬化、脉管炎、血栓形成、栓塞、血管痉挛或淤血等。

（2）血氧指标的变化：循环性缺氧发生的关键是组织血流量减少，其血氧指标变化见表9-4。

表 9-4 血液性缺氧的血氧指标变化

血氧指标	PO_2	CO_2max	CO_2	SO_2	$CaO_2 - CvO_2$
变化特点	正常	正常	正常	正常	增大

（3）病理临床联系：缺血性缺氧时，组织器官苍白；淤血性缺氧时，组织器官呈暗红色。由于血液中脱氧血红蛋白浓度增加，易出现发绀。

4. 组织性缺氧

组织性缺氧是指在组织供氧正常的情况下，因组织细胞利用氧异常所引起的缺氧，又称为氧利用障碍性缺氧。

（1）原因。① 组织中毒：如氰化物、硫化氢、有机磷等可引起组织中毒性缺氧，最典型的是氰化物中毒；细菌毒素、放射线等也可能损伤线粒体的呼吸功能而引起氧的利用障碍。② 组织水肿：组织间液和细胞内液的异常增多，使气体弥散距离增大，引起内呼吸障碍。③ 维生素缺乏：某些维生素如维生素 B_1、维生素 B_2、泛酸、尼克酰胺等的严重缺乏，引起呼吸酶合成障碍。

（2）血氧指标的变化：组织性缺氧发生的关键是细胞对氧的利用障碍，其血氧指标变化见表9-5。

表 9-5 血液性缺氧的血氧指标变化

血氧指标	PO_2	CO_2max	CO_2	SO_2	$CaO_2 - CvO_2$
变化特点	正常	正常	正常	正常	降低

（3）临床病理联系：由于细胞利用氧障碍，毛细血管中氧合血红蛋白增多，皮肤及黏膜呈鲜红色或玫瑰红色。

缺氧虽分为上述四型，但在临床上所见的缺氧常为混合型缺氧。例如心力衰竭，既有循环障碍引起的循环性缺氧，又可继发肺淤血、水肿而引起乏氧性缺氧。又如感染性休克时可引起循环性缺氧，内毒素还可引起组织利用氧的功能障碍而发生组织性缺氧，并发休克肺时可有乏氧性缺氧。因此，对具体病人要做全面具体的分析。

【学习小结】

缺　　氧	动脉血氧分压（PO$_2$）	动脉血氧饱和度（CO$_2$max）	血氧容量（CO$_2$）	动脉血氧含量（SO$_2$）	动-静脉氧差	皮肤黏膜颜色
乏氧性缺氧						
血液性缺氧						
循环性缺氧						
组织性缺氧						

【项目实训】

案例分析：

患者，女，45岁，菜农。于某日清晨4时在蔬菜温室为火炉添煤时昏倒在地，2小时后被发现送入医院。体温37.5 ℃，呼吸20次/min，脉搏110次/min，血压110/70 mmHg。患者神志模糊，口唇呈樱桃红色，其他无异常发现。实验室检查：PaO$_2$ 12.6 kPa，血氧容量10.8 mL/dL，动脉血氧饱和度95%，HbCO 30%。入院后立即吸氧，不久渐醒，经治疗病情好转。

问题：导致患者神志不清的原因是什么？试述其发生机制。

【项目测试】

单项选择题

（1）可引起低张性缺氧的是（　　）。
　　A. 一氧化碳中毒　　　　　　B. 休克
　　C. 氰化物中毒　　　　　　　D. 房间隔缺损
　　E. 血栓栓塞
（2）对缺氧最敏感，严重缺氧时最易受损的组织是（　　）。
　　A. 脑　　　　　　　　　　　B. 心脏
　　C. 肝脏　　　　　　　　　　D. 肾脏
　　E. 肺脏
（3）血液性缺氧时（　　）。
　　A. 血氧容量正常，血氧含量降低　　B. 血氧容量降低，血氧含量正常
　　C. 血氧容量、血氧含量一般均正常　　D. 血氧容量升高，血氧含量降低
　　E. 血氧容量、血氧含量一般均降低
（4）低张性缺氧的血氧变化的特点不正确的是（　　）。
　　A. 血氧容量降低　　　　　　B. 血氧分压降低

C. 血氧含量降低　　　　　　　D. 血氧饱和度降低
　　E. 动脉-静脉血氧含量差增大
（5）循环性缺氧时（　　）。
　　A. 血氧分压正常，血氧饱和度和血氧含量均降低
　　B. 血氧饱和度正常，血氧分压和血氧含量均降低
　　C. 血氧含量正常，血氧分压和血氧饱和度均降低
　　D. 血氧分压、血氧含量和血氧饱和度均正常
　　E. 血氧分压正常，血氧容量和血氧含量均降低

项目三　缺氧时机体功能、代谢的变化

【学习目标】

熟知缺氧时机体代谢和功能变化。

【理论学习】

　　缺氧时机体的机能代谢变化，包括机体对缺氧的代偿性反应和由缺氧引起的代谢与机能障碍。轻度缺氧主要引起机体代偿性反应；严重缺氧而机体代偿不全时，出现的变化以代谢机能障碍为主。机体在急性缺氧时与慢性缺氧时的代偿性反应也有区别。急性缺氧是由于机体来不及代偿而易发生代谢的机能障碍。各种类型的缺氧所引起的变化，既有相似之处，又各具特点，以下主要以低张性缺氧为例，说明缺氧对机体的影响。

1. 呼吸系统

（1）代偿性反应：当动脉血氧分压低于60 mmHg时，可刺激颈动脉体和主动脉体化学感受器，反射性地引起呼吸加深加快，从而使肺泡通气量增加，肺泡气氧分压升高，动脉血氧分压也随之升高。胸廓呼吸运动的增强使胸内负压增大，还可促进静脉回流，增加心输出量和肺血流量，有利于氧的摄取和运输。

　　乏氧性缺氧时呼吸的改变与缺氧持续的时间有关，缺氧早期呼吸兴奋使肺通气量增加，长期缺氧时呼吸运动减弱。

（2）损伤性变化：急性乏氧性缺氧，如快速登上4 000 m以上的高原时，可在1~4天内发生高原肺水肿，表现为头痛、胸闷、咳嗽、呼吸困难、血性泡沫痰、肺部有湿性啰音、皮肤黏膜发绀等。动脉血氧分压过低可直接抑制呼吸中枢，导致中枢性呼吸衰竭。

2. 循环系统

（1）代偿性反应。① 心输出量增加：心输出量增加主要是由于动脉血氧分压降低引

起交感神经兴奋、儿茶酚胺释放增多，造成心率加快，心肌收缩力增加、胸廓呼吸运动和心脏活动增强导致静脉回流量增加与心输出量增多。在高原久住后，心输出量逐渐减少。心输出量增加可提高全身组织的供氧量，故对急性缺氧有一定的代偿意义。② 血流分布改变：急性缺氧时，皮肤、腹腔器官交感神经兴奋，缩血管作用占优势，故血管收缩；而心、脑血管因以局部组织代谢的产物的扩血管作用为主，故血管扩张，血流增加。这种血流分布的改变显然对于保证生命重要器官缺氧的供应是有利的。③ 肺血管收缩：急性缺氧引起的肺血管收缩使缺氧肺泡的血流量减少，有利于维持肺泡通气与血流的适当比例，使流经这部分肺泡的血液仍能获得较充分的氧，从而维持较高的动脉血氧分压。④ 毛细血管：长期慢性缺氧可促使毛细血管增生。尤其是脑、心脏和骨骼肌的毛细血管增生更显著。毛细血管的密度增加可缩短血氧弥散至细胞的距离，增加对细胞的供氧量。

（2）损伤性变化。① 肺动脉高压：肺泡缺氧所致血管收缩反应可增加肺循环阻力，导致肺动脉高压，并可造成肺源性心脏病、右心肥大甚至心力衰竭。② 心肌舒缩功能降低：严重缺氧可降低心肌的舒缩功能，甚至使心肌发生变性、坏死。③ 心律失常：严重缺氧可引起窦性心动过缓、期前收缩，甚至发生心室纤颤。严重的心肌受损可导致完全的传导阻滞。

3. 血液系统的变化

（1）代偿性反应。① 红细胞和血红蛋白增多：慢性缺氧时红细胞增多主要是由于肾生成和释放促红细胞生成素增加，骨髓造血增强所致。② 红细胞向组织释放氧的能力增强：缺氧时，红细胞内 2,3-DPG 增加，导致氧离曲线右移，即血红蛋白与氧的亲和力降低，有利于将结合的氧释放出供组织利用。

（2）损伤性变化：血液中的红细胞过度增加会引起血液黏滞度增高，血流阻力增大，心脏的后负荷增高，这是缺氧时发生心力衰竭的重要原因之一。在吸入气氧分压过度降低时，肺泡氧分压过度降低，红细胞内过多的 2,3-DPG 将妨碍血红蛋白与氧结合，使动脉血氧含量过低，供应组织的氧将严重不足。

4. 中枢神经系统的变化

脑对缺氧十分敏感，对缺氧的耐受性差。缺氧直接损害中枢神经系统的功能。急性缺氧可引起头痛、情绪激动、思维力、记忆力、判断力降低或丧失以及运动不协调等。慢性缺氧者则有易疲劳、嗜睡、注意力不集中及精神抑郁等症状。严重缺氧可导致烦躁不安、惊厥、昏迷甚至死亡。缺氧引起脑组织的形态学变化主要是脑细胞变性、坏死、脑细胞肿胀及脑水肿。

5. 组织细胞的变化

（1）代偿性反应。① 组织细胞利用氧的能力增强：慢性缺氧时，细胞内线粒体的数目和膜的表面积均增加，呼吸链中的酶如琥珀酸脱氢酶、细胞色素氧化酶可增加，使细胞的内呼吸功能增强。② 糖酵解增强：严重缺氧时，ATP 生成减少，ATP/ADP 比值下降，以致磷酸果糖激酶活性增强，该酶是控制糖酵解过程最主要的限速酶，其活性增强可促使糖酵解过程加强，在一定的程度上可补偿能量的不足。③ 肌红蛋白增加：慢性缺氧可使肌肉中肌红细胞蛋白含量增多。肌红蛋白和氧的亲和力明显高于血红蛋白与氧的亲和力。因此，肌红蛋白可从血液中摄取更多的氧，增加氧在体内的储存。当氧分压进一步降低时，肌红蛋白可释出大量的氧供细胞利用。④ 低代谢状态：缺氧可减弱细胞的耗能过程，如糖、蛋白质等各种合成代谢和离子泵功能均降低，使细胞处于低代谢状态，减少能量的消耗，有利于在缺氧时的生存。

（2）损伤性变化。① 细胞膜的损伤：一般而言，细胞膜是细胞缺氧最早发生损伤的部位。缺氧、ATP减少、酸中毒和溶酶体酶可损伤细胞膜，导致 Na^+ 内流增加，K^+ 外流增加，Ca^{2+} 内流增加，从而引起细胞水肿等，加重组织细胞的损伤。② 线粒体的损伤：严重时线粒体可出现肿胀、嵴崩解、钙盐沉积、外膜破裂和基质外溢等病变。③ 溶酶体的损伤：溶酶体肿胀、破裂和大量溶酶体酶的释出，进而导致细胞本身及其周围组织的溶解、坏死。

【学习小结】

缺氧时机体的功能和代谢变化

呼吸系统变化	循环系统变化	血液系统变化	中枢神经系统变化	组织细胞变化

【项目实训】

小组讨论：急性与慢性缺氧时，机体的代偿反应有何不同？

【项目测试】

1. 填空题

慢性缺氧时，可使骨髓生成的红细胞数_____。

2. 单项选择题

（1）缺氧引起反射性呼吸加深加快最明显和最常见于（　　）。
　　A. 低张性缺氧　　　　　　　　B. 贫血性缺氧
　　C. CO 中毒　　　　　　　　　D. 氰化物中毒
　　E. 亚硝酸盐中毒

（3）缺氧时呼吸系统代偿反应（　　）。
　　A. 在动脉血氧分压低于正常时就刺激外周化学感受器引起呼吸加深加快

B. 是急性低张性缺氧最重要的代偿反应
C. 长期缺氧时通气增加反应仍非常敏感
D. 急性缺氧早期虽引起低碳酸血症，但对呼吸代偿无影响
E. 休克、右心衰等循环性缺氧时呼吸代偿也很明显

学习效果分析

内容	优秀 ≥90%	良好 80%~89%	一般 60%~79%	需要加油 <60%
项目测试				
项目实践				
自我反思				

第十章 酸碱平衡紊乱

项目一 概 述

【学习目标】

（1）能熟练描述酸碱失衡的概念。
（2）会解释机体内酸碱物质增多时机体的调节方式。

【理论学习】

在生命活动过程中，机体在代谢过程中会产生大量的酸性物质和碱性物质，亦有一些酸性物质和碱性物质随食物进入体内。但是，正常机体的体液 pH 值却总是相对稳定的，这主要是通过体内各种调节活动实现的。这种体液 pH 值相对稳定性的维持称为酸碱平衡。

在疾病过程中，许多原因可引起体内酸性或碱性物质产生过多或损伤机体调节酸碱平衡的能力导致酸碱平衡紊乱。在大多数情况下，酸碱平衡紊乱是某些疾病或病理过程的继发性变化，其一旦发生，又会使病情加重和复杂化，并对病人的生命造成严重的威胁。

一、体内酸碱物质的来源

体液中的酸碱物质主要来自体内物质的代谢，少量来自食物。

1. 酸性物质的来源

按照 H^+ 的来源和产生过程分为挥发酸和固定酸两类。

（1）挥发酸：体内代谢过程中不断产生 CO_2，其与水作用生成碳酸（H_2CO_3），是体内产生最多的酸性物质，可以从肺呼出，故称挥发酸。

（2）固定酸：固定酸主要来源于蛋白质的分解，如含硫氨基酸分解产生硫酸；核蛋白和磷脂水解生成磷酸；嘌呤类化合物氧化分解产生尿酸；糖、脂肪代谢过程中可产生的有机酸等。这些酸性代谢物质必须经肾随尿排出，故称为固定酸或非挥发酸。

2. 碱性物质的来源

碱性物质主要来源于蔬菜和水果中的有机酸盐，如枸橼酸钠、苹果酸钠等，在体内代谢过程中生成碱性盐，使体液碱化。

二、机体对酸碱平衡的调节

尽管机体不断生成和摄取酸、碱物质，但血液的 pH 值并不发生显著变化，这是由于机体内存在一系列的调节机制。

1. 血液缓冲系统的调节

血液缓冲系统主要有碳酸氢盐缓冲系统、磷酸盐缓冲系统、血浆蛋白缓冲系统、血红蛋白和氧合血红蛋白缓冲系统五种。其中以血浆碳酸氢盐缓冲系统和红细胞中的血红蛋白和氧合血红蛋白缓冲系统最为重要。血液缓冲系统的主要作用是通过接受 H^+ 或释放 H^+，使酸或碱的浓度下降或增加。

2. 肺在调节酸碱平衡中的作用

机体在代谢过程中产生大量 CO_2，经肺排出以维持体内的酸碱平衡。肺是通过呼吸运动的频率和幅度调节血浆中 H_2CO_3 的浓度。

当动脉血二氧化碳分压（$PaCO_2$）升高或 pH 值降低时，通过中枢和外周化学感受器，使延髓呼吸中枢兴奋，呼吸加快，使 CO_2 由肺排出增多，血中 H_2CO_3 含量减少；反之 $PaCO_2$ 降低或 pH 值升高时，呼吸就变浅变慢，从而减少 CO_2 的排出，增加血中 H_2CO_3 含量。

3. 肾在调节酸碱平衡中的作用

肾主要是通过排出多余的酸或碱来调节血浆 HCO_3^- 含量，以维持 pH 值的恒定。其主要方式是肾小管上皮细胞生成和分泌 H^+ 或 NH_4^+，或排出 K^+，与原尿中的 Na^+ 进行交换，而重吸收 $NaHCO_3$。

4. 组织细胞在调节酸碱平衡中的作用

机体大量的组织细胞主要是通过离子交换对酸碱平衡进行调节的。当 pH 值降低时，由于细胞外液 H^+ 浓度增加，弥散入细胞内，而 K^+ 则移出细胞外，从而保持体液的电中性。在碱中毒 pH 值升高时恰好相反，H^+ 移出细胞外而 K^+ 移入细胞内。

【学习小结】

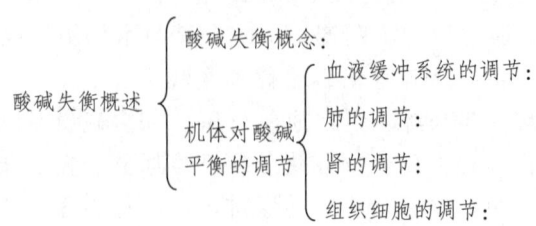

【项目实训】

小组讨论：当体内酸增多或碱增多时机体是如何进行调节的？

【项目测试】

1. 填空题

机体酸碱平衡的维持是靠_____、_____、_____、_____的调节来完成的。

2. 单项选择题

（1）下列酸中属挥发酸的是（　　）。

　　A. 乳酸　　　　　　　　　B. 磷酸
　　C. 碳酸　　　　　　　　　D. 乙酰乙酸
　　E. 丙酮酸

（2）血液缓冲系统中最重要的是（　　）。

　　A. 碳酸氢盐缓冲系统　　　B. 磷酸盐缓冲系统
　　C. 氧离血红蛋白缓冲系统　D. 血浆蛋白缓冲系统
　　E. 氧合血红蛋白缓冲系统

项目二　酸碱失衡的分类及常用检测指标

【学习目标】

（1）能熟练列举出酸碱失衡的类型。

（2）能准确说出检测酸碱失衡指标的中英文名称，并能描述其概念、正常值和意义。

【理论学习】

一、酸碱失衡的分类

血液 pH 值取决于 HCO_3^- 与 H_2CO_3 浓度之比，pH 值为 7.4 时其比值为 20∶1。

1. 根据血液 pH 值的高低分类

pH 值降低（pH<7.4）称为酸中毒，pH 值升高（pH>7.4）称为碱中毒。

2. 根据血浆 HCO_3^- 与 H_2CO_3 含量变化分类

（1）血浆 HCO_3^- 含量主要受代谢因素的影响，HCO_3^- 含量原发性降低称代谢性酸中毒；HCO_3^- 含量原发性升高称代谢性碱中毒。

（2）血浆 H_2CO_3 含量主要受呼吸因素影响，H_2CO_3 含量原发性升高称呼吸性酸中毒，H_2CO_3 含量原发性降低称呼吸性碱中毒。

在临床中，病人的情况是复杂多变的。在同一病人，如只有一种酸碱平衡紊乱存在，称单纯性酸碱平衡紊乱；如有两种或两种以上酸碱平衡紊乱同时存在，则成为混合性酸碱平衡紊乱。

单纯性酸碱平衡紊乱发生后，由于机体的调节，血液 pH 值可在正常范围之内，称为代偿性酸中毒或碱中毒。如果通过机体的调节，血液 pH 值仍然低于或高于正常范围，则成为失代偿性酸中毒或碱中毒。

二、常用检测指标

1. pH

血浆 pH 是表示血浆 H^+ 浓度的指标，正常值为 7.35～7.45。pH<7.35 为酸中毒；pH>7.45 为碱中毒；pH 在正常范围内，可表示酸碱平衡、代偿性酸碱平衡紊乱、混合型酸碱平衡紊乱 3 种情况。

2. 动脉血二氧化碳分压（$PaCO_2$）

血浆中呈物理溶解状态的 CO_2 产生的张力。正常值为 33～46 mmHg，平均为 40 mmHg。主要反映肺泡通气状况，是判断呼吸性酸碱平衡紊乱的主要指标。大于 46 mmHg 见于呼吸性酸中毒或代偿性的代谢性碱中毒，小于 33 mmHg 见于呼吸性碱中毒或代偿后的代谢性酸中毒。

3. 标准碳酸氢盐（SB）和实际碳酸氢盐（AB）

标准碳酸氢盐（SB）是指全血在标准状态下（体温 38 ℃，血氧饱和度 100%，$PaCO_2$ 为 40 mmHg）测得的血浆 HCO_3^- 含量，是判断代谢因素的指标。正常值为 22～27 mmol/L。SB 值降低反映代谢性酸中毒，升高反映代谢性碱中毒。

实际碳酸氢盐（AB）是隔绝空气的血液标本，在实际 $PaCO_2$、实际体温和血氧饱和度条件下测得的血浆 HCO_3^- 浓度。AB 受呼吸和代谢两方面因素的影响，SB 与 AB 的差反映了呼吸因素对酸碱平衡的影响。AB>SB，见于呼吸性酸中毒或代偿后的代谢性碱中毒；AB<SB，见于呼吸性碱中毒或代偿后的代谢性酸中毒。AB 与 SB 相等、均低，见于代谢性酸中毒或代偿后的呼吸性碱中毒；均高，见于代谢性碱中毒或代偿后的呼吸性酸中毒。

4. 缓冲碱（BB）

缓冲碱是血液中一切具有缓冲作用的负离子的总和，是反映代谢因素的指标。正常值为 45～52 mmol/L，减少表示代谢性酸中毒，升高表示代谢性碱中毒。

5. 碱剩余（BE）

在标准状态下用酸或碱滴定全血标本至pH=7.40时所需酸或碱的量。正常值：-3.0~3.0 mmol/L。代谢性酸中毒时BE负值增加，代谢性碱中毒时BE正值增加。

【学习小结】

项目	酸碱物质	正常值	增高的意义	降低的意义
pH				
$PaCO_2$				
SB				
AB				
BB				
BE				

【项目实训】

案例分析：

患者，女性，42岁，Ⅰ型糖尿病史5年。2天前无明显诱因出现神志淡漠、反应迟钝、嗜睡，呼吸深快，呼出气体有烂苹果味。临床检验：血pH7.28，$PaCO_2$ 30 mmHg，SB 17 mmol/L，血[Na^+] 140 mmol/L，[Cl^-]104 mmol/L。

问题：该患者出现了什么问题？

【项目测试】

1. 填空题

常见的酸碱平衡紊乱包括_____、_____、_____和_____。

2. 单项选择题

（1）下列哪一项是反映呼吸功能的主要指标？（　　）

　　A. pH　　　　　　　　　　B. SB
　　C. BE　　　　　　　　　　D. $PaCO_2$
　　E. 以上都不是

（2）直接反映血浆[H_2CO_3]的指标是（　　）。

　　A. pH　　　　　　　　　　B. AB
　　C. $PaCO_2$　　　　　　　D. BB
　　E. BE

（3）BE 负值增大可见于（　　　）。
　　A. 代谢性酸中毒　　　　　　　　B. 代谢性碱中毒
　　C. 急性呼吸性酸中毒　　　　　　D. 急性呼吸性碱中毒
　　E. 慢性呼吸性酸中毒
（4）AB＞SB，表明可能有（　　　）。
　　A. 代谢性酸中毒　　　　　　　　B. 代谢性碱中毒
　　C. 呼吸性酸中毒　　　　　　　　D. 呼吸性碱中毒
　　E. 呼吸性酸中毒合并代谢性酸中毒

项目三　单纯性酸中毒

【学习目标】

（1）能熟练说出代谢性酸中毒和呼吸性酸中毒时机体的代偿调节方式和血气指标变化情况。
（2）能领会代谢性酸中毒和呼吸性酸中毒对机体的影响。
（3）能根据病人的血气指标变化情况和临床表现准确判断酸中毒的类型。

【理论学习】

一、代谢性酸中毒

1. 原因和机制

（1）HCO_3^- 丢失过多：常见于大量碱性消化液大量丢失，如严重腹泻、肠瘘、肠道引流等；经肾由尿丢失，如肾小管酸中毒、大量使用碳酸酐酶抑制剂等；经皮肤丢失，如大面积烧伤。

（2）HCO_3^- 缓冲消耗：① 体内固定酸生成过多。如休克、心脏骤停、心力衰竭、严重贫血、肺水肿等引起的缺氧导致乳酸生成过多；糖尿病、严重饥饿和酒精中毒等引起酮体生成过多导致酮症酸中毒。② 体内固定酸排出障碍。见于急、慢性肾衰竭、肾小球滤过率降低、肾排酸保碱功能障碍。③ 外源性固定酸摄入过多。主要见于药物使用不当，如长期服用水杨酸类药物、氯化铵等。

（3）高钾血症：各种原因引起细胞外液 K^+ 浓度升高，K^+ 与细胞内 H^+ 交换而引起代谢性酸中毒；远曲小管分泌 H^+ 减少，尿液呈碱性，称为反常性碱性尿。

2．机体的代偿调节

（1）血液的缓冲作用：血液中 H^+ 增加后，立即与缓冲系统进行缓冲，HCO_3^- 和 BB 被不断消耗。

（2）肺的代偿调节：血液中 H^+ 增加，通过刺激颈动脉体和主动脉体化学感受器，反射性引起呼吸加深加快，使 CO_2 排出增加，血 H_2CO_3 浓度下降。

（3）肾的代偿调节：酸中毒时，肾通过泌 H^+ 和 NH_4^+ 以及重吸收 HCO_3^- 增加进行代偿调节。

（4）细胞内外离子交换：酸中毒时，细胞外液的 H^+ 通过细胞内外 H^+－K^+ 交换，H^+ 进入细胞内，被细胞内缓冲系统缓冲，细胞内 K^+ 逸出，导致高钾血症。

反映代谢性酸中毒的各血氧指标变化为：因为 HCO_3^- 原发性下降，所以 SB、AB、BB 均降低，BE 负值加大；通过呼吸代偿，$PaCO_2$ 可继发性下降。

3．对机体的影响

（1）心血管系统：① 代谢性酸中毒可继发高钾血症，从而导致心肌传导阻滞和心肌兴奋性降低，严重者可出现心律失常甚至心脏停搏；② H^+ 浓度增高和高血钾可引起心肌兴奋收缩耦联障碍，使心肌收缩力下降，心输出量减少；③ H^+ 浓度增高会使毛细血管对儿茶酚胺的反应性降低，使血管扩张，血压下降。

（2）中枢神经：酸中毒影响氧化磷酸化，导致能量生成减少，脑组织能量供应不足；酸中毒还能使脑内抑制性神经递质生成增多。患者主要表现为疲乏无力、头晕、意识障碍、嗜睡甚至昏迷。

4．防治原则

（1）积极治疗原发病：治疗原发病是代谢性酸中毒的病因学防止原则，也是防治的主要措施。

（2）适当使用碱性药物：通常多使用作用迅速、疗效确切的碳酸氢钠溶液。

二、呼吸性酸中毒

1．原　因

（1）CO_2 排出障碍：常见于① 呼吸中枢抑制，如颅脑损伤、酒精中毒等；② 呼吸道梗阻，如喉头水肿、气管被异物阻塞等；③ 呼吸肌麻痹，如重症肌无力、有机农药中毒等；④ 胸廓病变，如胸廓畸形、气胸、胸腔积液等；⑤ 肺部病变，如肺水肿、肺广泛纤维化等。

（2）CO_2 吸入过多：常见于通气不良的坑道和防空洞内作业，呼吸机使用不当等。

2．机体的代偿调节

（1）细胞内外离子交换和细胞内的缓冲：是急性呼吸性酸中毒的主要代偿调节方式。由于 CO_2 在体内潴留，使血浆中 H_2CO_3 含量不断增加，H_2CO_3 解离为 H^+ 和 HCO_3^-，H^+ 与细胞内 K^+ 交换，进入细胞内的 H^+ 可被血红蛋白缓冲，同时引起血钾增高。

（2）肾的代偿调节：这是慢性呼吸性酸中毒的主要调节方式。当 $PaCO_2$ 和 H^+ 浓度升高，可使肾小管上皮细胞内碳酸酐酶和谷氨酰胺酶活性增强，使肾泌 H^+ 和 NH_4^+ 及重吸收 HCO_3^- 增加达到排酸保碱的目的。

反映呼吸性酸中毒的血氧指标变化为：$PaCO_2$ 升高；继发性变化为：SB、AB、BB均增高，BE 正值增大。

3. 对机体的影响

（1）中枢神经系统功能：CO_2 潴留可引起脑血管扩张，使颅内压增高，患者可出现头痛、恶心、呕吐、精神错乱、嗜睡甚至昏迷，临床上称其为肺性脑病。

（2）心血管系统功能：血浆中 H^+ 和 K^+ 浓度的升高可引起心肌收缩力减弱、心律失常和周围血管扩张，严重者可出现血压下降甚至发生心力衰竭。

4. 防治原则

（1）积极治疗原发病：解除呼吸道阻塞、痉挛，使用中枢兴奋剂或人工呼吸机等措施来改善通气。

（2）适当使用碱性药物：对 pH 值下降明显的呼吸性酸中毒可暂时性小剂量使用碱性药物，但应避免过量。

【学习小结】

类 型	概 念	血气指标变化	对机体的影响
代谢性酸中毒			
呼吸性酸中毒			

【项目实训】

分组讨论：
（1）代谢性酸中毒和呼吸性酸中毒对中枢神经系统的哪个影响更明显？为什么？
（2）严重腹泻会引起何种类型的酸碱失衡？为什么？

【项目测试】

1. 填空题

（1）严重酸中毒对心血管功能的影响主要表现为心肌收缩力_____，心输出量_____，微血管_____。

（2）呼吸性酸中毒主要是由_____引起，而导致血浆中_____原发性增加，此时机体主要通过_____和_____进行代偿。

2. 单项选择题

（1）轻度或中度肾功能衰竭引起代谢性酸中毒的主要发病环节是（　　）。

  A. 肾小球滤过率明显减少   B. 肾小管泌 NH_4^+ 能力增强

  C. 肾小管泌 H^+ 减少   D. 碳酸酐酶活性增加

  E. 重吸收 HCO_3^- 增加

（2）急性呼吸性酸中毒时，可以出现（　　）。

  A. SB 增大   B. AB 减少

  C. SB>AB   D. SB<AB

  E. SB=AB

项目四　单纯性碱中毒

【学习目标】

（1）能说出代谢性碱中毒和呼吸性碱中毒时机体的代偿调节方式和血气指标变化情况。

（2）能熟练描述代谢性碱中毒和呼吸性碱中毒对机体的影响。

（3）能根据血气指标变化情况和临床表现准确判断出为何种类型的碱中毒。

【理论学习】

一、代谢性碱中毒

1. 原　因

（1）酸性物质丢失过多：① 胃液丢失，如呕吐、胃肠引流等；② 肾脏丢失，如大量应用噻嗪类利尿剂；③ 盐皮质激素过多，如原发性醛固酮增多症等。

（2）碱性物质摄入过多：常见于消化性溃疡病病人服用过量 $NaHCO_3$，或输入大量库存血等。

（3）低钾血症：各种原因引起的细胞外液 K^+ 浓度降低，由于细胞内外 H^+—K^+ 交换而引起低钾性碱中毒，而细胞内 H^+ 增加，则使肾泌 H^+ 增多，尿液呈酸性，称反常性酸性尿。

2. 机体的代偿调节

（1）细胞外液的缓冲：血浆中 HCO_3^- 增高可被血液缓冲系统中的弱酸所缓冲，使血液中 H_2CO_3 升高。

（2）细胞内外的离子交换：血浆中 H^+ 浓度降低时，细胞内 H^+ 逸出进行补充；细胞 K^+ 进入细胞内，使细胞外液 K^+ 浓度降低，引起低钾血症。

（3）肺的代偿调节：血浆中 H^+ 浓度降低可抑制呼吸中枢，使呼吸变浅变慢，肺泡通气量减少和 CO_2 排出减少。血中 H_2CO_3 和 $PaCO_2$ 代偿性增高。

（4）肾的代偿调节：血浆中 H^+ 减少，可使肾小管上皮细胞碳酸酐酶和谷氨酰胺酶活性降低，肾泌 H^+、NH_4^+ 和重吸收 HCO_3^- 减少，血浆 HCO_3^- 浓度下降。

反映代谢性碱中毒的血氧指标变化为：HCO_3^- 原发性升高，SB、AB、BB 均增大，BE 正值增大；继发性变化为 $PaCO_2$ 升高。

3. 对机体的影响

（1）神经肌肉变化：pH 值升高时血浆中游离钙浓度降低，使神经肌肉的兴奋性增高，患者常出现腱反射亢进、肢体麻木手足抽搐等表现。

（2）中枢神经系统：血中 pH 值升高时，脑组织内 γ-氨基丁酸转氨酶活性增高而谷氨酸脱羧酶活性降低，使 γ-氨基丁酸分解增强而生成减少；严重的碱中毒可使血红蛋白与氧的亲和力增强，造成组织供氧不足，脑缺氧。病人出现烦躁不安、精神错乱、谵妄、意识障碍等表现。

（3）低钾血症：碱中毒时，细胞内 H^+ 逸出，细胞外 K^+ 内移，同时肾小管上皮细胞泌 H^+ 减少、泌 K^+ 增加，导致低钾血症。

4. 防治原则

（1）积极治疗原发病：使用等张或半张盐水补充血容量及碳酸酐酶抑制剂改善碱中毒状况。

（2）适当使用酸性药物：对严重代谢性碱中毒患者可给予一定量的酸性药物。

二、呼吸性碱中毒

1. 原　因

凡引起肺通气过度，CO_2 排出过多的原因都可导致呼吸性碱中毒，如癔病、脑外伤、高热、甲状腺功能亢进、水杨酸类药物、低张性缺氧、人工呼吸使用不当等。

2. 机体的代偿调节

（1）细胞内外离子交换和细胞内缓冲：呼吸性碱中毒时，血浆 H_2CO_3 浓度降低，使 HCO_3^- 相对增多，pH 值上升，细胞内的 H^+ 移出细胞，与 HCO_3^- 结合，使血中 HCO_3^- 代偿性下降，H_2CO_3 浓度有所回升，导致血 K^+ 降低；血中的 HCO_3^- 进入红细胞与 Cl^- 细胞内交换，进入细胞的 HCO_3^- 与 H^+ 结合，进一步生成 CO_2，CO_2 弥散进入血液，与 H_2O 结合生成 H_2CO_3，使血中 H_2CO_3 的浓度回升。

（2）肾的代偿调节：肾的代偿是个缓慢的过程，在急性呼吸性碱中毒时，肾的代偿调节来不及发挥。慢性呼吸性碱中毒时，肾泌 H^+、泌 NH_4^+、重吸收 HCO_3^- 减少，使血浆 HCO_3^- 代偿性下降。

3. 对机体的影响

轻度慢性呼吸性碱中毒通常无症状。急性呼吸性碱中毒时经常出现窒息、气促、眩晕、易激动、四肢及口周围感觉异常，意识改变及抽搐。

4. 防治原则

（1）防治原发病和去除引起通气过度的原因，对精神性通气过度患者使用镇静剂。

（2）增加吸入气中 CO_2 含量以维持血浆 H_2CO_3 浓度。

【学习小结】

类　型	概　念	血气指标变化	对机体的影响
代谢性碱中毒			
呼吸性碱中毒			

【项目实训】

案例分析：

患者，男性，55岁，胃癌术前。患者进食后上腹部不适，大量呕吐，呕吐物中有宿食。

问题：如若患者长期呕吐，会引起的水、电解质、酸碱平衡紊乱的类型是什么？

【项目测试】

单项选择题

（1）使用利尿剂的过程中较易出现的酸碱平衡紊乱类型是（　　　）。
　　A. 代谢性酸中毒　　　　　　　　B. 代谢性碱中毒
　　C. 呼吸性酸中毒　　　　　　　　D. 呼吸性碱中毒
　　E. 以上都不是

（2）代谢性碱中毒常可引起低血钾，其主要原因是（　　　）。
　　A. K^+ 摄入减少　　　　　　　　B. 细胞外液量增多使血钾稀释
　　C. 细胞内 H^+ 与细胞外 K^+ 交换增加　　D. 消化道排 K^+ 增加
　　E. 肾滤过 K^+ 增加

（3）引起呼吸性碱中毒的原因是（　　　）。
　　A. 吸入 CO_2 过少　　　　　　　B. 输入 $NaHCO_3$ 过多
　　C. 肺泡通气量减少　　　　　　　D. 输入库存血
　　E. 呼吸中枢兴奋，肺通气量增大

（4）慢性呼吸性碱中毒时机体的主要代偿方式是（　　　）。

A. 分解代谢加强，生成 CO_2 增多　　B. 肺泡通气量降低
C. H^+ 向细胞内转移　　D. 肾小管泌 H^+、重吸收 HCO_3^- 减少
E. 血浆钙离子向细胞内转移

学习效果分析

内容	优秀 ≥90%	良　好 80%~89%	一　般 60%~79%	需要加油 <60%
项目测试				
项目实践				
自我反思				

第十一章 水、电解质代谢紊乱

第一节 水、钠代谢紊乱

【学习目标】

（1）能够熟练描述脱水的概念、脱水的类型及特点。
（2）能够正确分析各型脱水对机体的影响。
（3）知道脱水的发生原因及防治措施。
（4）能够运用所学知识对常见病例中脱水的类型进行正确分析和判断。
（5）能够结合临床表现分析脱水对机体的影响，并提出恰当的预防和处理措施。

【理论学习】

一、概　念

脱水是指因体液总量明显减少（至少超过体重的 2%以上），未能及时补充而出现的一系列功能和代谢障碍的病理过程。

二、脱水的类型（见表 11-1）

表 11-1 脱水的类型

类型	高渗性脱水	低渗性脱水	等渗性脱水
主要特征	失水>失钠 血清钠>150 mmol/L 血浆渗透压>310 mmol/L	失水<失钠 血清钠<130 mmol/L 血浆渗透压<280 mmol/L	失水≈失钠 血清钠≈130～150 mmol/L 血浆渗透压≈280～310 mmol/L
原因	饮水不足 失水过多：皮肤大量出汗、呼吸过快、严重的上吐下泻、尿量过多	① 大量出汗、消化液丢失后而补水或糖水未补盐 ② 长期用排钠利尿剂或醛固酮分泌不足 ③ 肾小管功能障碍	大量消化液丢失 大量血浆丢失 大量抽放胸腹水

续表

类型	高渗性脱水	低渗性脱水	等渗性脱水
对机体的影响	失水>失钠 →血钠↑ →血浆高渗 →细胞脱水 →ADH↑醛固酮↑ →水、钠重吸收↑	失水后补水未补钠 →失水<失钠→血钠↓ →血浆低渗→ADH减少,醛固酮分泌增多 →细胞水肿 →细胞外液↓,组织脱水 →外周循环障碍	细胞外液等渗性减少 →抗利尿激素(ADH)、醛固酮分泌↑ →处理不及时,或发展为高渗性脱水 →处理不当:补水未补盐,发展为低渗性脱水
临床表现	① 口渴:最早最典型 ② 少尿,尿钠减少 ③ 脱水热 ④ 脑细胞脱水症状:烦躁、谵妄、嗜睡、昏迷、甚至死亡(脑出血)	① 早期多尿,严重少尿甚至无尿,尿钠减少 ② 组织脱水征:囟门、眼窝深陷,皮肤弹性↓ ③ 静脉塌陷、血压↓、直立性低血压、休克 ④ 严重者脑细胞水肿,脑疝、中枢神经功能紊乱	① 尿少,尿钠减少 ② 体重下降、倦怠 ③ 口渴 ④ 肌痉挛 ⑤ 心率快、体位性眩晕
防治措施	① 防治原发病 ② 补液以补5%葡萄糖为主,适当补充盐液	① 防治原发病 ② 补等渗氯化钠溶液 ③ 如已休克及时救治	① 防治原发病 ② 补液等渗溶液 1/2~1/3 的氯化钠溶液

【学习小结】

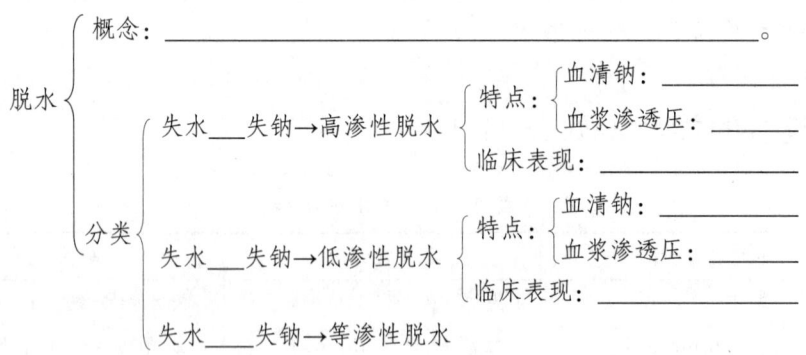

【项目实训】

案例分析:

患者,男,35岁,因呕吐、腹泻及发热3天入院。患者诉因食用不洁食品后呕吐、腹泻3天不见好转,且口渴厉害,伴有发热。体检:体温38 ℃,脉搏85次/min,呼吸正常，血压 115/85 mmHg，血清钠 150 mmol/L。病人口唇干燥，略显烦躁。入院后立即进行静脉滴注 5%葡萄糖溶液和其他对症治疗。经过 2 天的治疗，病情无好转，且逐渐加重，尿量明显减少，脉搏细速，静脉塌陷，血压下降至 70/50 mmHg,血清钠为 120 mmol/L。

问题：

（1）该患者入院前发生了哪种类型的脱水？其原因和机制是什么？

（2）入院后经过治疗为什么无效？

（3）对这位患者应该怎样治疗？为什么？

【项目测试】

1. 填空题

（1）脱水分为_____、_____和_____三种类型。

（2）高渗性脱水的主要临床表现有_____、_____、_____、_____和_____。

（3）低渗性脱水的临床表现有_____、_____、_____和_____。

2. 单项选择题

（1）高渗性脱水早期出现的症状是（　　）。

　　A. 口渴　　　　　　　　　　B. 眼窝深陷

　　C. 发热　　　　　　　　　　D. 嗜睡

　　E. 血压下降

（2）等渗性脱水的主要特点是（　　）。

　　A. 细胞脱水　　　　　　　　B. 细胞水肿

　　C. 组织间液减少　　　　　　D. 细胞外液等渗性减少

　　E. 外周循环障碍

（3）下列哪项是低渗性脱水的变化特征（　　）。

　　A. 脱水热　　　　　　　　　B. 脑细胞脱水

　　C. 组织脱水　　　　　　　　D. 尿崩症

　　E. 尿毒症

（4）下列哪种水电解质失衡容易发生外周循环衰竭？（　　）

　　A. 水中毒　　　　　　　　　B. 高渗性脱水

　　C. 低渗性脱水　　　　　　　D. 等渗性脱水

　　E. 尿崩症

（5）患者严重腹泻伴有高热，未经治疗容易继发（　　）。

　　A. 高渗性脱水　　　　　　　B. 低渗性脱水

　　C. 等渗性脱水　　　　　　　D. 水中毒

　　E. 尿崩症

（6）严重呕吐、腹泻患儿皮肤弹性减退、眼窝深陷、前囟下陷，主要机制是（　　）。

　　A. 血容量减少　　　　　　　B 细胞内液减少

C. 细胞外液减少　　　　　　D. 低钾血症
E. 高钾血症

学习效果分析

内　容	优秀	良好	一般	需要加油
	≥90%	80%~89%	60%~79%	<60%
项目测试				
项目实践				
自我反思				

第二节　水　肿

项目一　概　述

【学习目标】

（1）能正确描述水肿的概念。
（2）熟知水肿发生的原因。
（3）能够运用所学知识对常见病例中水肿发生的原因和机制进行正确分析和判断。

【理论学习】

一、水肿的概念

过多的体液积聚在组织间隙或体腔内称为水肿。过多的体液积聚在体腔内（胸膜腔、腹膜腔和心包腔）称为积水。

二、发生机制和原因

1. 血管内外体液交换失衡——组织液生成增多

（1）毛细血管流体静压升高：见于静脉血压过高（心力衰竭、肝硬化）和血流量增加（炎症充血）。

（2）血浆胶体渗透压降低：血浆胶体渗透压的大小主要取决于血浆蛋白尤其是白蛋白的浓度。引起血浆白蛋白减少的原因有：① 蛋白摄入不足，如禁食的病人；② 蛋白质合成障碍，如肝硬化；③ 蛋白质丢失过多，如肾病综合征的病人大量蛋白随尿排出；④ 蛋白质消耗增加，见于慢性消耗性疾病，如结核病及恶性肿瘤。

（3）毛细血管壁通透性增加：见于各种炎症性疾病与过敏性疾病等。

（4）静脉或淋巴回流受阻：见于丝虫、癌症癌栓堵塞淋巴管，肿瘤压迫、淋巴摘除后相应部位水肿。

2．体内外体液交换失衡—钠、水潴留

（1）肾小球滤过率降低：见于肾小球病变和各种原因所致的肾血流量减少。

（2）肾小管、集合管重吸收水钠增多：肾小球滤过分数增加；ADH 和醛固酮分泌增多；心房钠尿肽分泌减少。

【学习小结】

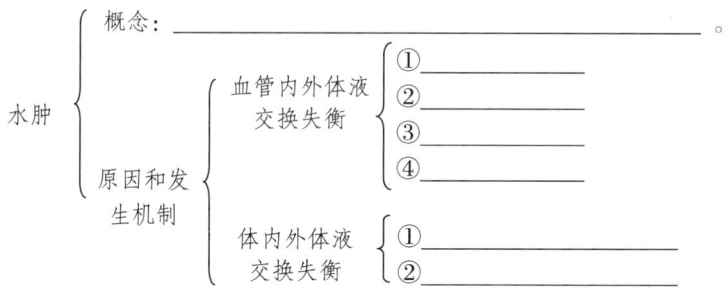

【项目实训】

小组讨论：根据水肿的发生机制解释门脉性肝硬化病人晚期为何常有腹腔积液形成？

【项目测试】

1．填空题

（1）根据的发生原因，将水肿分为_____、_____、_____、_____、和_____等。

（2）左心衰竭容易引起_____，右心衰竭引起_____。

2．单项选择题

（1）引起急性肾炎性水肿的最主要原因是（　　）。

A. 毛细血管流体静压升高　　　　　B. 血浆胶体渗透压降低
　　C. 肾小球有效滤过压明显下降　　　D. 肾小管重吸收水钠增多
　　E. ADH 和醛固酮合成释放增多
（2）乳腺癌根治术后局部水肿是因为（　　）。
　　A. 毛细血管流体静压增高　　　　　B. 血浆胶体渗透压降低
　　C. 微血管通透性增加　　　　　　　D. 淋巴回流受阻
　　E. 肾小球滤过率降低
（3）右心衰竭引起全身水肿最主要的原因是（　　）。
　　A. 毛细血管流体静压增高　　　　　B. 血浆胶体渗透压降低
　　C. 微血管通透性增加　　　　　　　D. 淋巴回流受阻
　　E. 肾小球滤过率降低
（4）肝功能严重障碍引起水肿的最主要的原因是（　　）。
　　A. 毛细血管流体静压增高　　　　　B. 血浆胶体渗透压降低
　　C. 微血管通透性增加　　　　　　　D. 淋巴回流受阻
　　E. 肾小球滤过率降低
（5）炎症性疾病引起水肿的最主要的原因是（　　）。
　　A. 毛细血管流体静压增高　　　　　B. 血浆胶体渗透压降低
　　C. 微血管通透性增加　　　　　　　D. 淋巴回流受阻
　　E. 肾小球滤过率降低

项目二　常见水肿类型、特点及水肿对机体的影响

【学习目标】

（1）能熟练说出水肿的类型与特点。
（2）熟知水肿对机体的影响。

【理论学习】

一、常见水肿类型

按水肿发生的部位分类（见表 11-2）。

表 11-2 常见水肿类型

类 型	出现部位	发生原因与机制
心性水肿	首先出现于皮下组织，身体下垂部位最明显	毛细血管流体静压升高；肾小球滤过率降低；肾小管重吸收水钠增多；血浆胶体渗透压降低；静脉或淋巴回流受阻
肾性水肿	先出现于皮下组织疏松部位，常在晨起出现眼睑和面部浮肿，之后逐渐扩展至全身	① 肾病性水肿：肾病综合征引起，主要由于血浆胶体渗透压下降、继发性水钠潴留；② 肾炎性水肿：见于急性肾小球肾炎，主要因为肾小球滤过率明显降低而肾小管重吸收无相应减少
肝性水肿	以腹腔积水多见	肝静脉回流受阻，门静脉高压；低蛋白血症，水钠潴留
肺水肿	先积聚在肺组织间隙，形成间质性肺水肿，随后发展为肺泡水肿	肺毛细血管血压升高，肺毛细血管壁通透性增加，肺泡表面活性物质减少

二、水肿的特点

1. 水肿液的性状

根据蛋白质含量不同分为漏出液与渗出液。

2. 皮下水肿

皮下水肿是水肿的重要体征。皮肤鼓胀、光亮、弹性差、皱纹变浅，用手指按压出现凹陷，称为显性水肿（凹陷性水肿）。全身性水肿在出现凹陷前已有组织间液增多，称为隐性水肿。

3. 全身性水肿

不同原因引起的水肿开始出现水肿的部位不同，详见表 11-2。

三、水肿对机体的影响

（1）影响组织细胞代谢，引起器官功能障碍。
（2）水肿部位抵抗力差，易发生感染、溃疡、创面不易愈合。
（3）特定部位水肿的严重后果：喉头水肿引起气道阻塞，发生窒息；脑水肿引起颅内压升高，可能发生脑疝。

【学习小结】

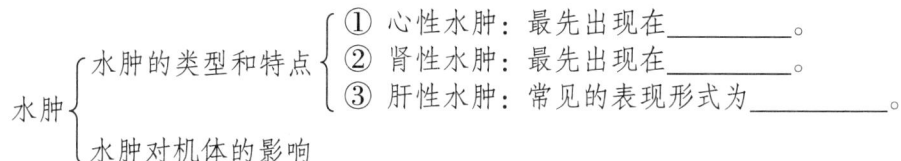

【项目实训】

案例分析：

患者，男，53岁。患高血压病15年，心慌气急3个月，两下肢水肿2周入院。体格检查：血压26.7/16 kPa（200/120 mmHg），气急、端坐呼吸，颈外静脉怒张，两下肢水肿，心浊音界明显向左右扩大，肺部有散在湿啰音，肝大在肋缘下4 cm，尿量900～1 200 mL/天，尿比重固定在1.010～1.020，蛋白尿（＋＋），管型（＋＋）。

问题：

（1）该患者发生了什么水肿？

（2）下肢为什么出现水肿？

（3）肺部为什么有湿啰音？

【项目测试】

1. 填空题

心性水肿最早出现在_____，肾性水肿最先出现在_____，肝性水肿常为_____。

2. 单项选择题

（1）左心衰竭容易引起的是（　　）。

    A. 肺水肿　　　　　　　　B. 脑水肿

    C. 肝性水肿　　　　　　　D. 心性水肿

    E. 肾性水肿

（2）最先在身体下垂部位出现水肿的水肿是（　　）。

    A. 肺水肿　　　　　　　　B. 脑水肿

    C. 肝性水肿　　　　　　　D. 心性水肿

    E. 肾性水肿

（3）肾性水肿最早出现于（　　）。

    A. 下肢　　　　　　　　　B. 骶部

    C. 眼睑和颜面部　　　　　D. 腹腔

    E. 心包腔

（4）肝性水肿的特点是（　　）。

    A. 皮下水肿　　　　　　　B. 全身性水肿

    C. 隐性水肿　　　　　　　D. 显性水肿

    E. 腹水

学习效果分析

内　容	优秀	良好	一般	需要加油
	≥90%	80%～89%	60%～79%	<60%
项目测试				
项目实践				
自我反思				

第三节 钾代谢紊乱

项目一 钾代谢紊乱的概念、原因和发生机制

【学习目标】

（1）能熟练描述高血钾和低血钾的概念。
（2）熟知钾代谢紊乱发生的原因。

【理论学习】

正常成人体内钾总量为 50～55 mmol/kg 体重，其中 98%存在于细胞内，细胞外钾约占 2%，血清钾浓度为 3.5～5.5 mmol/L。

一、低钾血症和高钾血症的概念

1. 低钾血症
低钾血症指血清钾离子浓度<3.5 mmol/L。

2. 高钾血症
高钾血症指血清钾离子浓度>5.5 mmol/L。

二、原因和机制（见表 11-3）

表 11-3 低钾血症和高钾血症的原因和机制

类型	低钾血症	高钾血症
原因和机制	① 钾摄入不足或长期禁食未能补钾。 ② 各种原因致使钾排出过多：最常见原因。 ③ 细胞外钾向细胞内转移（如碱中毒）	① 钾摄入过多。 ② 各种原因致使钾排出减少：最主要原因。 ③ 细胞内钾向细胞外移（如酸中毒）

【学习小结】

钾代谢紊乱
- 低钾血症
  - 概念：_____。
  - 原因和机制
    - （1）钾摄入不足
    - （2）钾排出过多
    - （3）K⁺向细胞内转移：_____中毒时
- 高钾血症
  - 概念：_____。
  - 原因和机制
    - （1）钾摄入过多
    - （2）钾排出减少
    - （3）细胞内K⁺向细胞外转移：___中毒时

【项目实训】

案例分析：

某患者因消化道手术后禁食一周余，仅静脉输入大量5%葡萄糖盐水，此患者最容易发生哪种电解质代谢紊乱？为什么？

【项目测试】

1．填空题

（1）正常血清钾浓度为_____。

（2）高钾血症是指血清钾浓度高于_____；低钾血症是指血清钾浓度低于_____。

2．单项选择题

（1）低血钾是指血清钾低于（　　）。

  A. 3.5 mmol/L   B. 5.5 mmol/L

  C. 50 mmol/L   D. 55 mmol/L

  E. 140 mmol/L

（2）低血钾最常见的原因是（　　）。

  A. 术后禁食   B. 消化液大量丢失

  C. 大量使用利尿药   D. 肾上腺皮质激素过多

  E. 大量出汗

（3）促进细胞外钾移入细胞内的因素是（　　）。

  A. 酸中毒   B. 碱中毒

  C. 胰岛素不足   D. 镁缺乏

  E. 水中毒

（4）大量溶血和严重组织损伤容易引起（　　）。

  A. 代谢性酸中毒   B. 代谢性碱中毒

  C. 低血钾   D. 高血钾

E. 高血钠
（5）过量使用胰岛素导致低血钾的机制是（　　）。
　　A. 肾小管重吸收钾障碍　　　　B. 消化道丢失消化液
　　C. 细胞摄取分解葡萄糖　　　　D. 促进糖原合成时钾移入细胞内
　　E. 促进 DNA 和蛋白质合成

项目二　钾代谢紊乱对机体的影响和防治措施

【学习目标】

（1）能列举出钾代谢紊乱对机体的影响。
（2）能运用所学病理学知识正确分析钾代谢紊乱患者的临床表现。
（3）综合所学知识给钾代谢紊乱患者提出合理的护理意见。

【理论学习】

一、低钾血症和高钾血症对机体的影响（见表 11-4）

表 11-4　低钾血症和高钾血症对机体的影响

类型		低钾血症	高钾血症
对机体的影响	神经-肌肉兴奋性异常	急性低钾时神经肌肉兴奋性降低；表现为骨骼肌无力、软弱、迟缓性麻痹	急性轻度高血钾时兴奋性增强，表现为感觉异常、腱反射亢进、肌肉震颤等；重度则降低，表现为先四肢、后躯干肌软弱无力、腱反射减弱，甚至呼吸肌麻痹
	对心脏的影响	① 自律性增高：心率加快。② 传导性降低：传导减慢，甚至阻滞。③ 兴奋性增高：室性早搏、甚至室颤、停跳于收缩期。④ 收缩性：先增强、晚期重时减弱。⑤ 心电图：P-R 间期延长、QRS 波群增宽、Q-T 间期延长；ST 段下降、T 波低平增宽或倒置，出现明显的 U 波	① 自律性降低：心率减慢。② 传导性降低：传导减慢、各型传导阻滞。③ 兴奋性先高后低：急性轻度高血钾时心肌兴奋性增高；重度高血钾时兴奋性降低甚至消失，引起停搏；慢性变化不明显。④ 收缩性减弱：室颤，心停跳于舒张期。⑤ 心电图：P 波低宽，P-R 间期延长，QRS 波群低宽，ST 段抬上，T 波高尖，Q-T 间期缩短
	胃肠道平滑肌	收缩减弱：腹胀、便秘，严重时麻痹性肠梗阻	肠绞痛、腹泻
	酸碱平衡	继发代谢性碱中毒；反常性酸性尿	继发代谢性酸中毒；反常性碱性尿

二、防治措施(见表 11-5)

表 11-5 低钾血症和高钾血症的防治措施

类型	低钾血症	高钾血症
防治措施	① 防治原发病，恢复饮食和肾功能。 ② 补钾原则：能口服不静脉。 静脉补时要注意：尿量<500 mL/d 不补；浓度<40 mmol/L；速度<10～20 mmol/h；总量<120 mmol/24 h。 ③ 纠正水电解质代谢紊乱，同时补镁	① 去除原因，密切监测血钾、心电图等。 ② 减少钾摄入，促进肾和肠道钾排出。 ③ 促钾内移降低血钾。 ④ 应用钙剂和钠盐拮抗心肌损害。 ⑤ 纠正酸碱平衡紊乱

【学习小结】

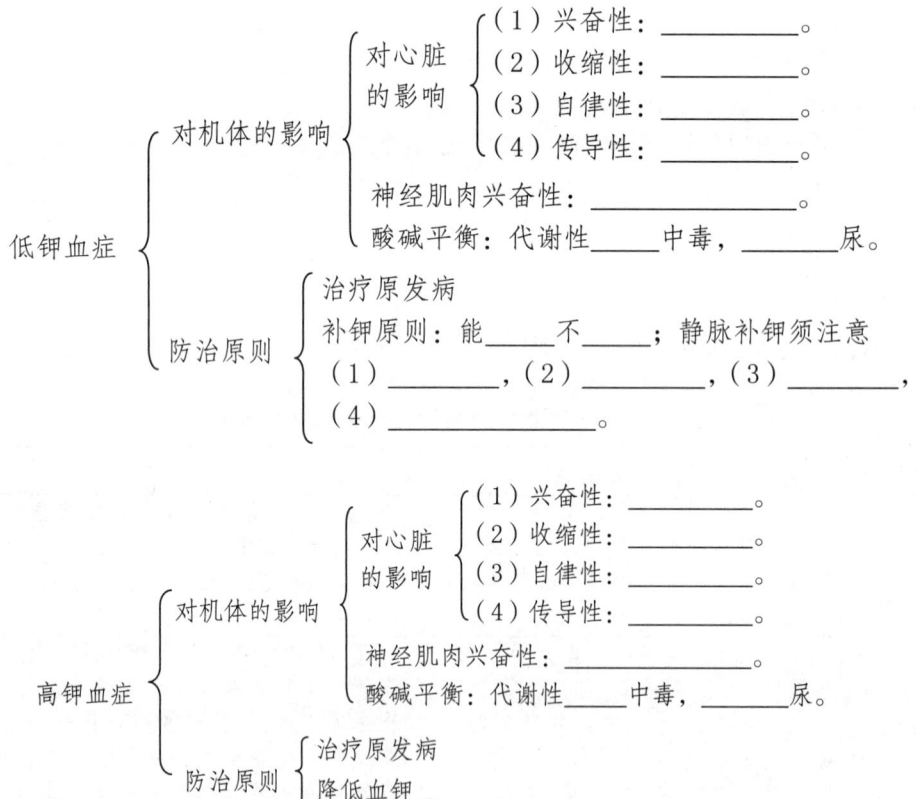

【项目实训】

案例分析：

患儿，男，8 岁，因呕吐、腹泻 3 天收治入院。入院后连续 3 天输入 5%葡萄糖溶液。

患儿精神萎靡、神情淡漠，四肢软弱无力、肠鸣音减弱。

问题：

（1）该患儿最可能发生的哪种电解质紊乱？确定的依据是什么？

（2）如要确诊，还需要进行哪些检查？

【项目测试】

1. 填空题

低钾血症常伴有代谢性_____，同时伴有反常性_____。高钾血症常伴有代谢性_____，同时伴有反常性_____。

2. 单项选择题

（1）低血钾常引起（　　）。

　　A. 代谢性酸中毒　　　　　　B. 代谢性碱中毒
　　C. 呼吸性酸中毒　　　　　　D. 呼吸性碱中毒
　　E. 水中毒

（2）低血钾时胃肠道平滑肌会出现（　　）。

　　A. 蠕动加快　　　　　　　　B. 平滑肌痉挛
　　C. 食欲亢进　　　　　　　　D. 腹泻
　　E. 肠鸣音减弱

（3）患者术后禁食3天，仅输入大量5%葡萄糖液，该患者最易发生（　　）。

　　A. 低血钠　　　　　　　　　B. 低血钾
　　C. 低血钙　　　　　　　　　D. 低血镁
　　E. 低血糖

学习效果分析

内容	优秀 ≥90%	良好 80%～89%	一般 60%～79%	需要加油 <60%
项目测试				
项目实践				
自我反思				

第十二章 休 克

项目一 概 述

【学习目标】

（1）能够熟练描述休克的概念。
（2）熟知休克发生的原因及分类。

【理论学习】

休克是指机体在各种强烈致病因素作用下，导致有效循环血量急剧减少，组织微循环血液灌流量严重不足，以致细胞损伤、各重要器官功能代谢发生严重障碍的全身性病理过程。

一、休克的原因

引起休克的原因有很多，常见的有以下几类：

1. 失血、失液

（1）失血：大失血可引起失血性休克，常见于外伤、消化道溃疡、宫外孕及产后大出血等。失血后休克发生与否取决于失血的速度和程度。若短时间内失血超过机体总血量的20%，即可发生失血性休克。

（2）失液：剧烈呕吐、腹泻、肠梗阻及大量出汗等导致体液大量丢失，可引起有效循环血量锐减而导致休克。

2. 烧 伤

大面积烧伤伴有血浆大量渗出时，导致有效循环血量减少，可引起烧伤性休克。此型休克的发生早期与血容量减少和疼痛有关，晚期常因继发感染而发展为感染性休克。

3. 创　伤

各种严重创伤可因剧烈疼痛、大量失血而引起创伤性休克。

4. 感　染

细菌、病毒及立克次体等病原微生物的严重感染，可引发休克，称为感染性休克。伴有败血症和脓毒血症时，又称为败血症休克或脓毒性休克。

5. 过　敏

过敏体质的人在注射某些药物，如青霉素、血清制剂或疫苗，甚至进食某些食物时、接触某些物品后，可引起小血管扩张、毛细血管壁通透性增加，导致有效循环血量减少而引发休克，称为过敏性休克。

6. 心脏功能障碍

大面积急性心肌梗死、弥漫性心肌炎、心包填塞及严重的心律失常（房颤或室颤）等疾病，均可导致心泵功能严重障碍，使心输出量急剧减少，有效循环血量明显下降，引起心源性休克。

7. 强烈的神经刺激

剧烈的疼痛刺激、高位脊髓麻醉、高位脊髓损伤和中枢镇静药物过量等可引起神经源性休克。

二、休克的分类

1. **按休克的病因分**

休克按其病因可分为失血、失液性休克、烧伤性休克、创伤性休克、过敏性休克、心源性休克及神经源性休克等。

2. **按发生的始动环节分**

机体有效循环血量的维持，由三个因素决定：① 足够的血容量；② 正常的心泵功能；③ 正常的血管舒缩功能。据此可分为三类：低血容量性休克、血管源性休克、心源性休克。

（1）低血容量性休克：由于血容量减少引起的休克，常见于失血、失液、创伤及烧伤等。

（2）血管源性休克：指由于外周血管扩张，血管床容量增加，大量血液瘀滞在扩张的小血管内，使有效循环血量减少引起的休克，常见于某些感染性休克、过敏性休克及神经源性休克。

（3）心源性休克：指由于心泵功能障碍，心输出量急剧减少，有效循环血量明显减少引起的休克，常见于大范围心肌梗死、心肌病、严重心律失常、急性心包炎等。

【学习小结】

休克 { 概念：_____。
　　　 常见原因：_____、_____、_____、_____、
　　　　　　　　　_____、_____、_____。
　　　 休克的分类 { 按病因分：_____、_____、_____
　　　　　　　　　 按始动环节分 { _____
　　　　　　　　　　　　　　　　　 _____
　　　　　　　　　　　　　　　　　 _____

【项目实训】

案例分析：

患儿，男，3个月。母亲带其去儿童保健门诊接种百白破混合制剂，接种后，患儿出现烦躁不安、面色苍白、四肢湿冷、脉搏细速等表现。

问题：该患儿发生的反应可能是什么？

【项目测试】

单项选择题

（1）下述何种状况与休克的病因无关？（　　　）
　　A．严重精神创伤　　　　　　B．产后大出血
　　C．严重烧伤　　　　　　　　D．严重过敏反应
　　E．以上都不对
（2）休克的最主要特征是（　　　）。
　　A．心输出量降低　　　　　　B．动脉血压降低
　　C．组织微循环血流锐减　　　D．外周阻力升高
　　E．外周阻力降低
（3）严重心律失常可引起（　　　）。
　　A．感染性休克　　　　　　　B．心源性休克
　　C．低血容量性休克　　　　　D．过敏性休克
　　E．神经源性休克
（4）上消化道出血可引起（　　　）。
　　A．感染性休克　　　　　　　B．心源性休克
　　C．低血容量性休克　　　　　D．过敏性休克
　　E．神经源性休克

项目二 休克的发生机制及分期

【学习目标】

（1）能说出休克代偿期的代偿意义。
（2）会描述休克各期病人的临床表现。
（3）能正确解释休克时微循环变化特点和血液灌流特点。

【理论学习】

休克的发生机制尚未完全阐明，但微循环障碍被认为是休克发生的共同基础，微循环是微动脉与微静脉之间的血液循环，其主要功能是进行物质交换，微循环是由微动脉、后微动脉、毛细血管前括约肌、真毛细血管、直捷通路、动静脉短路及微静脉构成。根据休克时血流动力学和微循环变化的特点可将休克过程大致分为以下三期：

1. 休克代偿期

休克代偿期是休克发生发展的早期阶段，亦称休克早期。

（1）微循环的变化：该期除心、脑等重要脏器外，全身小血管持续收缩，毛细血管前阻力增加，大量真毛细血管网关闭，微循环内血流明显减慢，使微循环灌流明显减少，微循环处于少灌少流，灌少于流的状态，致使组织缺血缺氧。故该期又称为微循环缺血性缺氧期。

（2）微循环变化的机制：各种原因引起交感—肾上腺髓质系统兴奋，儿茶酚胺大量释放入血，造成皮肤、腹腔内脏器和肾脏的小血管明显收缩，外周阻力增加，组织器官血液灌流不足，但对心脑影响不大；大量动静脉短路开放，加重组织缺氧。

（3）微循环变化的代偿意义。① 血液重新分配有利于心、脑的正常血供：由于不同器官对儿茶酚胺的反应性不同，皮肤、腹腔内脏、肾脏血管α受体密度高，对儿茶酚胺的敏感性较高，处于强烈收缩状态；而冠状动脉和脑血管无明显改变，使有限的血液得到重新分布，从而保证重要生命脏器的血液供应。② 自身输血：在休克早期，由于儿茶酚胺等缩血管物质的大量释放，使微静脉、小静脉及肝脾等储血器官的微血管收缩，迅速增加回心血量，起到了自身输血的作用，这是休克时增加回心血量的第一道防线。③ 自身输液：休克早期微循环毛细血管前阻力大于后阻力，进入真毛细血管网的血量减少，真毛细血管中流体静压下降，使组织液进入血管，起到自身输液的作用，这是休克时增加回心血量的第二道防线。④ 有利于动脉血压的维持：交感-肾上腺髓质系统兴奋，心率加快，心肌收缩力增强；全身小动脉收缩，使外周血管阻力升高。

（4）临床表现：休克早期病人的临床表现主要为皮肤苍白、四肢厥冷、尿量减少、脉搏细速、脉压差减小，烦躁不安，血压变化不明显。

此期是休克的可逆期，也是临床实施抢救的最好时期，如能及时消除病因，积极治疗，恢复有效循环血量，休克即可逆转。

2. 休克进展期

（1）微循环变化：休克的原始病因未消除，组织持续缺血缺氧，终末血管床对儿茶酚胺的反应性下降，微动脉和后微动脉收缩减弱，毛细血管前阻力降低，后阻力大于前阻力，血液大量进入真毛细血管网，微循环出现多灌少流，灌大于流的淤血状态，组织严重淤血性缺氧，该期又称为微循环淤血缺氧期。

（2）微循环变化的机制。① 酸中毒：组织长期缺血缺氧，酸性代谢产物增多，使血管对儿茶酚胺的反应性降低，微血管扩张；② 局部舒血管物质增多：组织长时间缺氧，使组胺、激肽、腺苷等扩血管物质释放，引起小血管扩张；③ 血流改变：毛细血管通透性增高，血流速度缓慢，大量血浆外渗，血液浓缩，白细胞黏附于内皮细胞上，血小板黏附聚集，导致血液黏滞性增高，血流变得更加缓慢，微循环呈淤血状态。

（3）微循环变化对机体的影响：由于微循环血管扩张，机体"自身输血"和"自身输液"停止，有效循环血量进一步减少，回心血量减少，血压明显下降，心脑血管灌流不足，出现心脑功能障碍。

（4）临床表现：患者表现为血压进行性降低、脉搏细速，心音低钝，少尿甚至无尿，皮肤发绀，出现花斑，神志淡漠甚至昏迷，如不及时抢救将进入微循环衰竭期。

休克进展期微循环的变化仍处于可逆阶段，只要得到及时正确的救治，病人仍可康复。否则，病情将进一步恶化而进入休克难治期。

3. 休克难治期（微循环衰竭期）

（1）微循环变化：由于组织缺血、缺氧和酸中毒进一步加重，微血管对血管活性物质失去反应，呈麻痹性扩张状态，微循环血流停止，处于不灌不流状态，该期也称之为微循环衰竭期。血液高度浓缩，血流速度极慢，加之缺氧、酸中毒等损伤内皮细胞激活内源性凝血系统，极易导致弥漫性血管内凝血（DIC）的发生。

（2）微循环变化的后果：微循环内广泛的微血栓的形成，微血管阻塞，组织细胞受损或死亡，因大量的凝血因子和血小板被消耗使血液处于低凝状态，甚至出现多部位严重出血。重要器官功能障碍或衰竭，使休克进一步恶化。

（3）临床表现：血压进一步下降，全身多部位出血，患者出现昏迷甚至死亡。

【学习小结】

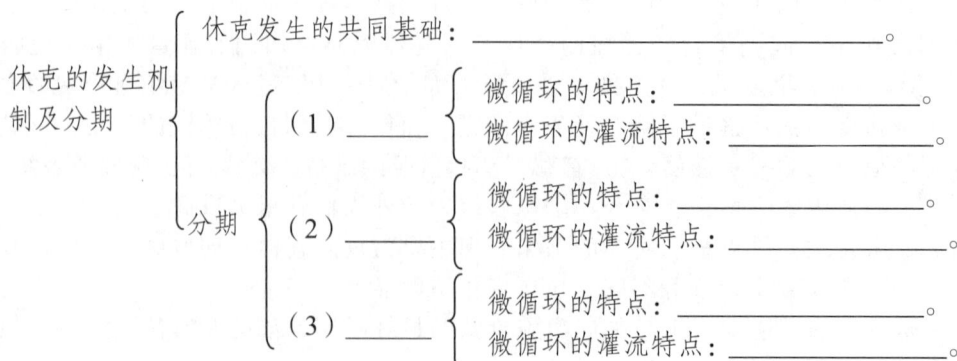

【项目实训】

案例分析：

患者，男，30岁，因车祸多处创伤伴大量出血，入院后经清创手术及输血、输液处理后，血压一直不能恢复正常，抢救中应用去甲肾上腺素（促使血管收缩），开始为 2 mg/dl，后因血压难以维持，渐增大剂量 8 mg/dl，最后抢救无效而死亡。

问题：

（1）患者属哪型休克？依据是什么？

（2）应用大量去甲肾上腺素抢救是否合理？

【项目测试】

1. 填空题

休克的病理学分期可分为_____、_____及_____三期。

2. 单项选择题

（1）休克晚期微循环灌流的特点是（　　）。
   A. 少灌少流　　　　　　　　B. 多灌少流
   C. 不灌不流　　　　　　　　D. 少灌多流
   E. 多灌多流

（2）休克期微循环灌流的特点是（　　）。
   A. 少灌少流　　　　　　　　B. 多灌少流
   C. 不灌不流　　　　　　　　D. 少灌多流
   E. 多灌多流

项目三　休克时器官功能变化

【学习目标】

熟知休克不同时期器官功能的变化。

【理论学习】

休克过程中常引起肺、肾、肝、胃肠、心及脑等器官功能受损，甚至导致多器官功能障碍和衰竭。

1. 急性肾功能障碍

肾脏是休克最易受伤的脏器,各种类型休克都常伴发急性肾功能衰竭,称为休克肾。急性肾衰分为功能性肾衰及器质性肾衰,前者见于休克早期,若能及时恢复肾血流量,肾功能可恢复,后者多见于休克晚期,多可导致急性肾功能衰竭的发生。

2. 急性肺功能障碍

严重的休克患者可出现进行性缺氧和呼吸困难,导致急性呼吸功能衰竭,主要表现为严重的肺间质水肿、肺泡水肿、肺淤血及肺泡内透明膜形成等,称为休克肺,是患者发生死亡的主要原因之一。

3. 心功能的变化

除心源性休克外,其他类型休克早期,由于机体的代偿,能够维持冠脉血流正常,因此心泵功能一般无明显变化。随着休克的发展,多种有害因素作用于心脏,加之血压进行性下降,可使心泵功能障碍,引发急性心力衰竭。

4. 脑功能的变化

休克早期,由于血液的重新分布和脑循环的自身调节,保证了脑的血液供应,无明显的脑功能障碍表现。随着休克的发展,动脉血压进行性下降或脑循环发生 DIC 时,脑组织因缺血、缺氧和酸中毒而严重受损,出现神志淡漠,意识模糊甚至昏迷。

5. 胃肠道和肝功能的变化

休克时由于血压下降,循环血量减少,引起胃肠道及肝脏缺血、缺氧,继而发生淤血、出血及微血栓形成,导致胃肠道及肝功能障碍。

6. 多器官功能障碍综合征

多器官功能障碍综合征(MODS)指在严重感染、创伤、休克等时,原无器官功能障碍的患者同时或短时间相继出现两个或两个以上的器官功能衰竭。休克晚期常并发 MODS,是休克致死的主要原因之一。

【学习小结】

休克时器官功能变化
- 肾的变化:_____。
- 肺的变化:_____。
- 心的变化:_____、_____。
- 脑的变化:_____。
- 胃肠道和肝功能的变化:_____。
- 多器官功能障碍综合征:_____。

【项目实训】

小组讨论：休克时机体各器官的变化特点。

【项目测试】

单项选择题

（1）在低血容量性休克的早期最易受损伤的器官是（　　）。
  A．心脏　　　　　　　　　　B．肝
  C．脾　　　　　　　　　　　D．肺
  E．肾

（2）休克早期血流量基本不变的器官是（　　）。
  A．心　　　　　　　　　　　B．肝
  C．肾　　　　　　　　　　　D．肺
  E．脾

学习效果分析

内容	优秀	良好	一般	需要加油
	≥90%	80%~89%	60%~79%	<60%
项目测试				
项目实践				
自我反思				

项目测试参考答案

第一章 绪论与疾病概论
第一节 绪 论
【项目测试】
1. 填空题：略
2. 单项选择题：（1）B　　（2）C　　（3）C

第二节 疾病概论
项目一
【项目测试】
1. 填空题：略。
2. 单项选择题：（1）E　　（2）D　　（3）D　　（4）C

项目二
【项目测试】
1. 填空题：略。
2. 单项选择题：（1）D　　（2）B　　（3）A　　（4）A

第二章 细胞和组织的适应、损伤与修复
第一节 细胞和组织的适应
【项目测试】
1. 填空题：略。
2. 单项选择题：（1）B　　（2）D　　（3）D　　（4）D

第二节 细胞和组织的损伤
项目一
【项目测试】
1. 填空题：略。
2. 单项选择题：（1）E　　（2）D　　（3）D

项目二
【项目测试】
1. 填空题：略。
2. 单项选择题：（1）C　　（2）D　　（3）E　　（4）E　　（5）E　　（6）C

第三节 损伤的修复

项目一

【项目测试】

1. 填空题：略。
2. 单项选择题：A

项目二

【项目测试】

1. 填空题：略。
2. 单项选择题：D

项目三

【项目测试】

1. 填表：略。
2. 单项选择题：D

第三章 局部血液循环障碍

第一节 充 血

项目一

【项目测试】

填空题：略。

项目二

【项目测试】

1. 填空题：略。
2. 单项选择题：（1）C （2）C （3）D （4）D （5）A （6）C （7）E

第二节 出 血

【项目测试】

1. 填空题：略。
2. 单项选择题：（1）C （2）D

第三节 血栓形成

项目一

【项目测试】

1. 填空题：略。
2. 单项选择题：（1）B （2）B （3）E

项目二

【项目测试】

1. 填空题：略。
2. 单项选择题：（1）E （2）A （3）A （4）B （5）A （6）B （7）A

3. 填表：略。

项目三
【项目测试】
1. 填空题：略。
2. 单项选择题：（1）D　（2）A　（3）B

第四节　栓　塞

项目一
【项目测试】
1. 填空题：略。
2. 单项选择题：（1）A　（2）C　（3）A　（4）A

项目二
【项目测试】
1. 填空题：略。
2. 单项选择题：（1）A　（2）B　（3）E　（4）E　（5）A　（6）E　（7）E

第五节　梗　死

项目一
【项目测试】
1. 填空题：略。
2. 单项选择题：E

项目二
【项目测试】
1. 填空题：略。
2. 单项选择题：（1）A　（2）A　（3）D　（4）A　（5）A

第四章　炎　症

项目一　炎症的概念及原因
【项目测试】
1. 填空题：略。
2. 单项选择题：（1）C　（2）C

项目二　炎症的基本病理变化
【项目测试】
1. 填空题：略。
2. 单项选择题：（1）D　（2）B

项目三　炎症的局部表现和全身反应
【项目测试】
1. 填空题：略。
2. 单项选择题：（1）E　（2）E

项目四 炎症的类型

【项目测试】
1. 填空题：略。
2. 单项选择题：（1）B （2）D （3）A （4）D （5）B （6）C

项目五 炎症的转归

【项目测试】
1. 填空题：略。
2. 单项选择题：B

第五章 肿 瘤

项目一 概 述

【项目测试】
1. 填空题：略。
2. 单项选择题：（1）D （2）E

项目二 肿瘤的特征

【项目测试】
1. 填空题：略。
2. 单项选择题：（1）D （2）C （3）A （4）D

项目三 良、恶性肿瘤的区别

【测试项目】
单项选择题：（1）C （2）E （3）A （4）C

项目四 肿瘤的命名与分类

【项目测试】
1. 填空题：略。
2. 单项选择题：（1）E （2）B （3）C （4）B （5）A （6）D

项目五 癌前病变、原位癌、早期浸润癌

【项目测试】
单项选择题：（1）B （2）B （3）E

第六章 常见疾病

第一节 动脉粥样硬化

项目一 概 述

【项目测试】
1. 填空题：略。
2. 单项选择题：（1）A （2）D

项目二 病理变化

【项目测试】
单项选择题：（1）E （2）A

项目三 冠状动脉粥样硬化及冠心病

【项目测试】

1. 填空题：略。
2. 单项选择题：（1）D （2）C

第二节 高血压病
项目一 概述

【项目测试】

单项选择题：D

项目二 基本病理变化

【项目测试】

1. 填空题：略。
2. 单项选择题：（1）E （2）D （3）D （4）C （5）D

第三节 风湿病
项目一 概述

【项目测试】

1. 填空题：略。
2. 单项选择题。（1）B （2）D

项目二 风湿病的基本病变

【项目测试】

1. 填空题：略。
2. 单项选择题：（1）C （2）A

项目三 风湿性心脏病

【项目测试】

单项选择题：（1）B （2）A （3）A （4）E （5）E

第四节 慢性阻塞性肺疾病、肺源性心脏病
项目一 慢性支气管炎

【项目测试】

1. 填空题：略。
2. 单项选择题：（1）A （2）C （3）E （4）C

项目二 肺气肿

【项目测试】

单项选择题：D。

项目三 慢性肺源性心脏病

【项目测试】

1. 填空题：略。
2. 单项选择题：（1）A （2）D （3）E

第五节 肺 炎

项目一 大叶性肺炎

【项目测试】

1. 填空题：略。
2. 单项选择题：（1）B　（2）C　（3）A　（4）B　（5）B　（6）D　（7）C　（8）E

项目二 小叶性肺炎

【项目测试】

单项选择题：（1）B　（2）B

项目三 间质性肺炎

【项目测试】

填空题：略。

第六节 消化性溃疡病

项目一 概述

【项目测试】

单项选择题：（1）A　（2）D

项目二 病理变化及病理临床联系

【项目测试】

1. 填空题：略。
2. 单项选择题：（1）A　（2）A　（3）D　（4）A

第七节 病毒性肝炎

项目一 概述

【项目测试】

1. 填空题：略。
2. 单项选择题：（1）B　（2）A

项目二 病理变化

【测试项目】

1. 填空题：略。
2. 单项选择题：（1）B　（2）A　（3）A　（4）D

项目三 病理临床联系

【项目测试】

单项选择题：（1）B　（2）C　（3）A

第八节 肝硬化

项目一 概述

【项目测试】

单项选择题：A

项目二 病理变化及病理临床联系

【项目测试】
1. 填空题：略。
2. 单项选择题：（1）C　（2）C

第九节 肾小球肾炎
项目一 概述

【项目测试】
1. 填空题：略。
2. 单项选择题：（1）A　（2）E

项目二 急性弥漫性增生性肾小球肾炎

【项目测试】
1. 填空题：略。
2. 单项选择题：（1）B　（2）C

项目三 急进性肾小球肾炎

【项目测试】
1. 填空题：略。
2. 单项选择题：（1）D　（2）D

项目四 慢性肾小球肾炎

【项目测试】
1. 填空题：略。
2. 单项选择题：（1）C　（2）B

第七章 传染病

第一节 结核病
项目一 概述

【项目测试】
1. 填空题：略。
2. 单项选择题：（1）E　（2）C

项目二 肺结核病、肺外结核病

【项目测试】
1. 填空题：略。
2. 单项选择题：（1）D　（2）B

第二节 细菌性痢疾
项目一 概述

【项目测试】
1. 填空题：略。
2. 单项选择题：B

项目二 病理变化及病理临床联系

【项目测试】

1. 填空题：略。
2. 单项选择题：（1）C （2）C （3）B

第三节 伤　寒

项目一 伤寒的概念、病因及发病机制

【项目测试】

1. 填空题：略
2. 选择题：C

项目二 伤寒的病理变化、临床表现、结局

【项目测试】

1. 填空题：略
2. 选择题：（1）A （2）B （3）B

第八章 发　热

项目一 概念

【项目测试】

1. 填空题：略
2. 选择题：（1）B （2）B

项目二 发热的原因与机制

【项目测试】

1. 填空题：略。
2. 单项选择题：（1）D （2）D

项目三 发热的分期和分类

【项目测试】

1. 填空题：略。
2. 单项选择题：（1）D （2）B （3）D

项目四 发热时机体代谢、功能的变化

【项目测试】

1. 填空题：略。
2. 单项选择题：D

第九章 缺　氧

项目一 缺氧的概念及常用的血氧指标

【项目测试】

1. 填空题：略。
2. 单项选择题：（1）D （2）B （3）E

项目二 缺氧的类型

【项目测试】

单项选择题：（1）C　（2）A　（3）E　（4）E　（5）D

项目三 缺氧时机体功能、代谢的变化

【项目测试】

1. 填空题：略。

2. 单项选择题：（1）A　（2）A

第十章 酸碱平衡紊乱

项目一 概述

【项目测试】

1. 填空题：略。

2. 单项选择题：（1）C　（2）A

项目二 酸碱失衡的分类及常用检测指标

【项目测试】

1. 填空题：略。

2. 单项选择题：（1）D　（2）C　（3）A　（4）D

项目三 单纯性酸中毒

【项目测试】

1. 填空题：略。

2. 单项选择题：（1）C　（2）D

项目四 单纯性碱中毒

【项目测试】

单项选择题：（1）A　（2）C　（3）E　（4）D

第十一章 水、电解质代谢紊乱

第一节 水、钠代谢紊乱

【项目测试】

1. 填空题：略。

2. 单项选择题：（1）A　（2）D　（3）C　（4）C　（5）A　（6）C

第二节 水　肿

项目一 概述

【项目测试】

1. 填空题：略。

2. 单项选择题：（1）C　（2）D　（3）A　（4）B　（5）C

项目二 常见水肿类型、特点及水肿对机体的影响

【项目测试】

1. 填空题：略。

2. 单项选择题：（1）A　　（2）D　　（3）C　　（4）E

第三节　钾代谢紊乱

项目一　钾代谢紊乱的概念、原因和发生机制

【项目测试】

1. 填空题：略。
2. 单项选择题：（1）A　　（2）B　　（3）B　　（4）D　　（5）D

项目二　钾代谢紊乱对机体的影响和防治措施

【项目测试】

1. 填空题：略。
2. 单项选择题：（1）B　　（2）E　　（3）B

第十二章　休　克

项目一　概　述

【项目测试】

单项选择题：（1）A　　（2）C　　（3）B　　（4）C

项目二　休克的发生机制及分期

【项目测试】

1. 填空题：略。
2. 单项选择题：（1）C　　（2）B

项目三　休克时器官功能变化

【项目测试】

单项选择题：（1）E　　（2）A

参考文献

[1] 王建枝,殷莲华.病理生理学[M]. 8 版. 北京:人民卫生出版社,2013.

[2] 李玉林.病理学[M]. 8 版. 北京:人民卫生出版社,2013.

[3] 曹靖宇.病理学基础[M]. 2 版. 西安:第四军医大学出版社,2014.

[4] 张军荣,杨怀宝.病理学基础[M]. 3 版. 北京:人民卫生出版社,2015

[5] 张军荣,李夏.病理学与病理生理学[M]. 北京:人民卫生出版社,2015.

[6] 崔新慧.病理学基础导学案[M]. 西安:第四军医大学出版社,2016.